青蓝人文

DECIPHERING THE RISE & FALL OF GREAT POWERS

大国兴替

国家发展的秘密

毕竟悦 —— 著

中国法制出版社
CHINA LEGAL PUBLISHING HOUSE

前言

Preface

国家兴衰的原因是什么？这个问题吸引了许多人前仆后继地进行研究。

从经济学角度来看，在人类历史上的很长时期，人均收入增长缓慢，直到工业革命打破马尔萨斯陷阱，人均收入才出现了突飞猛进的增长。这种经济上的飞跃增长为经济学的定量研究提供了可能。经济学的长波理论对于近代以来国家经济发展的兴衰周期进行了分析。对于国家兴衰的原因剖析，大体而言有三类理论：技术创新论、制度演进论和内生机制论。

以熊彼特为代表的技术创新论认为，工业革命以来的技术创新是经济兴盛的根源，该派将创新以外的制度、环境等方面的因素看作不变量。

制度演进论将制度因素视为国家经济兴衰的主要原因，这一派又分为社会积累结构论和调节论。社会积累结构论关注于影响资本积累过程的综合制度因素，包括货币与信贷制度、国家干预政策、阶级斗争程度等。调节论则采用历史的、理论的和比较的方法，以工业范式、积累体制、调节模式和发展模式四个概念为基础，致力于发展一种制度演化与经济发展的宏观经济理论。总之，制度演进论的核心观点是，制度因素是国家经济兴衰的主要原因，其他因素则通过影响制度演变而发挥作用。

内生机制论试图从经济运行的内部调节过程中找寻长波形成的原因。最初系统地提出长波理论的康德拉季耶夫认为，经济兴衰是由经济运动中某些内在原因引起的，而非偶然的外生因素，而内在原因主要就是固定资本产品的更新替代。

实际上，上述三类理论各有局限。技术创新论将技术与制度之间相互作用的关系片面化；制度演进论对于制度演变的原因未做深入分析；内生机制论比较抽象、笼统，难以量化分析和普遍适用。经济学领域的长波理论主要是基于资本主义国家早期的经济现象而作出的判断，虽然某些判断到今天依然适用，但是也存在诸多例外的情形。

跳出经济领域，拓展到国家发展的更大范围，会发现问题更加复杂。各国的情况不同，目前很难归纳出普遍适用的模式，可以说国家的兴衰有多种原因，而无固定之规。

亚当·斯密撰写的《国富论》一书体现了当时新兴资本主义经济的基调。这种经济模式通过市场这双“看不见的手”进行运作。随着海外探险和海外贸易的发展，西方国家又发展出了一系列的现代经济机制，如银行、股份公司，等等。尽管市场经济模式也存在种种问题，但其核心要素在今天对于世界经济依然发挥着积极作用。各国也在不断修正早期市场经济的弊病，比如更加重视劳资关系、社会福利，等等。

本书所涉及的西方国家包括荷兰、英国、美国、法国、德国、日本等。这些都是近代以来逐步强盛起来的国家，它们之间似乎体现出了一定的接力关系。荷兰是早期资本主义发展过程中举足轻重的国家，但这个国家似乎掉入了“先发陷阱”，很快就丧失了领先地位，被携工业革命之利的英国所取代。关于英国工业革命发生学的研究汗牛充栋，本书吸收了部分研究成果，主要关注了英国工业革命过程中的一个特殊领域——能源革命的发生，并对英国政制转型与经济发展之间的关系予以了关注。接过英国冠军奖杯的是美国，时至今日，美国依然是世界上最强大的国家。比较遗憾的是法国，虽然拥有悠久的历史和杰出的人才，但始终未能坐上冠军的宝座。德国于19世纪下半叶异军突起，但是强烈的民族主义情怀使其陷入了战争的泥潭，而徘徊多年。日本在地理位置上属于东方，但近代以来，日本积极“脱亚入欧”，在体制上更接近于西方，被归属于西方强国的行列。德国和日本作为后发国家的赶超具有一定的相似性，都是依靠下层贵族建立统一的民族国家，都具有极端民族主义情绪，后来走向军国主义，在“二战”后二者都经历了再次的立宪建国过程，由现代化走向现代性，实现了复兴。

由于欧洲的地缘政治较为复杂，国家之间的战争不断。但是古代的欧洲各国基本上都是封建贵族制，国王、贵族、平民之间界限分明，权利义务明确，即使国王也不能滥征赋税。这样一来，国王为了应付战争的财政，汲取能力就变得尤为重要，许多国王一方面要应对国外的威胁，另一方面还要为了财源而面对国内贵族的挑战。久而久之，欧洲一些国家形成了分权制衡机制，这种机制也奠定了西方现代政制的基础。因而财政与欧洲国家的政制转型关系密切，也是本书重点关注的领域。

古代中国并非现代意义上的民族国家，而是一个帝国。这个帝国经历了多次朝代更替，但是其主体结构得以延续。作为大一统帝国，中国的传统治理面临着死结，“分久必合，合久必分”是中国古代史的一大特征。中国的古代史似乎存在某种循环。秦汉与隋唐相似，宋元与明清相似。秦与隋都结束了中国的分裂局面，但都是短命的朝代；汉与唐是中华文明的辉煌时刻，但都以解体告终；宋与明是汉族人建立的统一王朝，但都灭于少数民族统治者之手。

在这些王朝更替之中，只有西汉和明朝是农民起义建立的统一的平民王朝，其他均为世族或军阀夺位。在中国历史上，农民起义很多，但多数被镇压。农民起义为何难以推翻王朝呢？在秦朝以前，中国是分封制，主要矛盾存在于君主与诸侯之间。从秦朝开始，中国建立了户籍、连坐等控制社会的制度，老百姓在实力和意愿上都很难起义。而且即便起义，在当时也不可能有制度创新，不过是“城头变幻大王旗”而已，所以从心理上讲，百姓更愿意接受既有的统治，而非自己的同类人成为统治者、爬到自己头上。钱穆先生也认为，中国不容易发生普遍的农民革命，因为中国国土范围广大，天灾带来的不安具有局部性和地方性的特点，饥荒地区的骚乱无法煽动丰收地区，而丰收地区的收成却可以协助解决局部的饥荒问题。中国历史上各王朝的主要危机存在于皇权与世族之间，危机往往从统治阶层的内部爆发。中国的王朝虽然是家天下、君主专制，但是君主不可能依靠个人和自己的家族就能实现治理，必须依靠官吏，因而中国的古代法律很大一部分是关于如何控制官吏的。

两千年来的中国古代社会都没能走出“盛衰周期律”。当然，对于古代中国的治理不能完全用现代的眼光去苛责。就现代转型进程而言，世族大家的兴起是打破君权的重要力量，但是对古代中国这样一个大国而言，大一统与皇权专制具有一定的必然性，有利于社会进步和人民安居乐业，每当世族大家兴起而足以震慑皇权之时，恰恰是社会动荡、血流成河之时。自秦统一天下之后，即便是对抗皇权的世族大家，其最终目标也是建立新的皇权，而非打破皇权体制。不过也不能忽视皇权专制的固有缺陷，皇权专制是大权系于一人、家天下，这就不可避免有各种弊端，世族重臣的存在在一定程度上对皇权构成了制约。总体而言，中国古代治理始终面临的关键问题有：官员的忠诚度与行政效率、接班人危机、中央地方关系及文治与武治的矛盾。对于这些问题，中国古代的统治者始终没能找到一劳永逸的解决办法，即使他们勤勤恳恳、一丝不苟、夙兴夜寐，也无法挽救王朝衰微的命运。一些亡国之君恰恰是勤勉、英明的君主，如明朝的崇祯皇帝可以说是最悲催的亡国之君。

从大历史的角度来看，王朝的衰落可能对当时的统治阶层而言是不幸的，但放在历史的长河中却未必都是坏事。在皇权专制之下，这种王朝更替的威胁可以倒逼统治者施行更好的政策，实践中各个朝代的前期往往都是政治比较清明的。而且古代中国在社会大动荡之时往往是文化大发展之时，如春秋战国、魏晋南北朝之时，因为没有了统一的最高权力对思想的钳制。但是古代中国未能彻底解决王朝更替的危机本身也说明了政制的病灶。治乱循环不是规律，而是问题，这需要制度上进行根本转型才能解决。

三十年河东，三十年河西。中国曾经有着辉煌的历史，但是近代以来，这个东方古国却落了下风。18世纪末到20世纪初，西方以帝国主义的形式将经济力量扩张到全球，同时，西方的知识体系无孔不入地渗透于世界的每个角落。中国很早就建立起了大一统的中央集权国家，而这恰恰是西方国家近代化的主要任务。然而“祸兮福所倚，福兮祸所伏”，中国政治上的早熟既是中国古代文明的保证，也是中国近代以来落后的根源。“李约瑟之谜”是中西之辩的关键问题，本书对此给予了充分的关注。

本书关注的是社会发展背后的体制机制因素，而非权术之争。不可否认，历史具有偶然性，一些历史人物个人的作用很大，有的人多活几年或少活几年，历史或许就会被改写。历史研究难免“后见之明”，会从结果出发去推导原因，只选择能证明自己观点的材料，而故意忽略与自己观点相左的材料。但是历史研究绝非掷骰子的游戏，在无定之规的背后，依然有迹可循。兴亡谁人定，盛衰岂无凭？本书虽非严格的历史著作，也不意在为国家的兴衰提供一套系统的理论，但如果能够通过对一个个具体事例的分析来为理解国家的兴衰提供一种视角，也就得偿所愿了。

目录

Contents

他山之石

历史之镜

无定之规

他山之石

货币贬值使古罗马帝国走上衰亡之路

古罗马帝国创造了历史上辉煌的文明，其衰落常令人唏嘘不已。实际上，罗马的政治危机、经济危机、社会危机和军事危机源于所谓的“盛世”时期。陶醉于盛世情怀中的罗马人，公共工程浩大、福利水平高，且战事不断，这些都需要财政税收支撑。而当时的经济发展水平尚不足以支撑急剧增长的城市化和巨大的公共开支。由于罗马政府拥有过大的控制经济的权力，于是经常采取让货币贬值的方式以缓解危机。这无异于饮鸩止渴，使危机不断积累，成为促使罗马衰落的一个重要原因。

古罗马的货币体系

古罗马的货币分奥里斯金币（aureus）、第纳尔银币（denarius）和阿斯铜币（as）三种。其中，金币主要是为凯旋仪式或其他重要时刻而专门打造的纪念币，流通很少。银币流通最广，甚至可以称为“银本位”。恺撒首先从元老院手中取得了制造金币和银币的权力，并设立了国家造币机构。恺撒还固定了金银货币的兑换率，统一了各行省的地方货币，有力促进了罗马经济的发展。

罗马帝国开国皇帝奥古斯都（屋大维）确立了更为完善的货币体系。罗马广场的朱庇特神庙不仅仅是一个宗教中心，同时还发挥着中央结算银行的作用，整个罗马的货币信用体系都是建立在大神庙的黄金储备上的。奥古斯都统一罗马后，作出的重大决定之一就是建立以罗马城为中心的罗马帝国货币结算体系，以罗马金库中的黄金作为储备。奥古斯都认为，硬币的信用度在于币面价值与实际价值的统一，坚持制造足量的货币。直到尼禄时期，才将银币的材质从纯银调整为含银率 92% 的合金。但盐野七生认为，当时尼禄的做法主要是为了应对经济过热而采取的金融缓和措施。

公共财政无力支撑高福利

古罗马很早就建立起了共和制，除了元首（有时不止一人）之外，罗马公民和贵族都在国家管理中发挥着重要作用。在这种体制下，为了争取选民，罗马看重的不是完善财政制度体系，而是直接给民众福利——低价或免费发放小麦，以保障居住在首都的贫困罗马公民的生活。公元前 123 年，当时保民官格拉古兄弟中的弟弟盖乌斯首创了《小麦法》，该法规定对所有在首都的罗马市民低价售卖小麦。该法延续了 150 年之久，并且福利的范围逐步扩大、标准逐渐提高，随着帝国经济实力增强，还逐渐普及地方城市和行省，所以在广大的罗马帝国因饥饿导致死亡的事件非常罕见。

然而，罗马的经济基础与上层建筑之间出现了冲突，这种高福利政策产生了一系列负面效应。在恺撒当政时期，元老院派的小加图为获得贫民阶层的支持，废除了低价配给数量的限制；而他的政敌，护民官劳狄乌斯更加极端，将低价配给直接改为无偿配给。恺撒统治时期的罗马城有 32 万之多的人从国家免费获得粮食供应。虽然恺撒后来减少了配给人口，但仍然有 15 万人领取免费的粮食。

免费发放粮食的政策促使更多农民离开土地，涌向罗马城，从而使得农业的税源减少。既要供应罗马城的小麦，还要建立粮仓、修筑道路港口、增加公职人员，罗马帝国日常开支的缺口越来越大。到后来，为解决小麦供应的财政成本，罗马政府开始求助于货币贬值，即通货膨胀。罗马政府的财政问题就此留下了病根，随着时间的推移，弊端日益显露。货币贬值及物价上涨在罗马史上长时期地持续发生，恶性通货膨胀以及通胀预期吞噬了罗马的光芒。

农业生产力不足以维持庞大的城市文明

公元 2 世纪是罗马帝国的黄金时代，“五贤帝”政治清明。而实际上罗马的危机主要源于这一时期。罗马城市里的产业主要是由奴隶支撑的家庭制造业，自由工业尚不发达，而当时的农业生产力不足以维持庞大而复杂的城市文明。帝国强行推进的都市化运动，不得不依靠对农业的过度压榨，这势必会导致帝国农业经济的逐步破产。

“五贤帝”所竭力推行的都市化运动，并非基于经济自然发展的规律，而是着眼于帝国统治的政治需求。在这种情况下，庞大的帝国公路网的建设，非但没有产生合理的经济效益，其建设和维护的巨大成本，反而成为拖累行省经济的沉重负担。当这种负现金流的货币循环难以维持之时，经济活力遂逐步萎缩。

为弥补财政亏空，117 年，图拉真不得不将第纳尔银币的含银量从奥古斯都时代的接近 100% 降到了 85%，货币贬值幅度高达百分之十几，这相当于对整个帝国持有现金的人口征收了同样比例的隐性货币税。从此以后，罗马的银币不断贬值。

政治分赃与货币贬值

罗马帝国末期，当狄图斯 · 尤利安努斯成为皇帝后，他做的第一件事就是下令让货币贬值，第纳尔银币中的含银量降至81.5%。尤利安努斯这样做有着特殊的原因。尤利安努斯的前任佩蒂纳克斯得罪了最不该得罪的人，试图削减禁卫军的权力和军饷，于是在193年3月被刺杀。接着，禁卫军对皇位进行拍卖，元老院成员尤利安努斯通过给付每个士兵25000塞斯特斯（4塞斯特斯铜币折合1第纳尔银币）登上帝位。让货币贬值就等于让这些士兵的财富贬值。

193年6月1日，尤利安努斯死于心狠手辣的军事指挥官塞普蒂米乌斯·塞维鲁之手。为了给军队发军饷，塞维鲁下令将第纳尔银币的含银量进一步下降到78.5%。之后，塞维鲁又不断让货币贬值，到196年年底，第纳尔银币的含银量降到了54%。

随着货币的贬值，人们产生了通胀预期，通货膨胀不断加剧，甚至完全失控。贸易变成以物易物，税收退化到实物制，长期贸易无从谈起。

军费激增与行政系统的膨胀

古罗马长期实行10%左右的税率，按照中国儒家的主张，“什一税”是政治清明的表现，可见古罗马属于轻税国家。罗马防线很长，然而军人数量并不多，在奥古斯都裁军后，军队人数不到30万。但是随着蛮族入侵，军费激增，在税源固定的情况下，正常的税收远远不够填补军费激增所带来的财政赤字。罗马皇帝开始设立一些临时税，随着战争频发，临时税变成了固定税，这激起了过惯了好日子的罗马人的抗议。罗马皇帝被迫放弃加税的办法，转而采取降低银币中的含银量的政策。

最早采用货币贬值办法以应对军费危机的是谢普提米乌斯·塞维鲁（193–211年在位）。之后的卡拉卡拉（211–217年在位）“萧规曹随”，继续以货币贬值填补军费增加而造成的财政缺口，第纳尔银币的含银量降到了50%。这种做法加剧了通货膨胀。为此，卡拉卡拉在第纳尔银币之外，发行了一种含银量相同但重量高达5.5克的安东尼银币，希望以此阻止银币价值的下跌。

然而“劣币驱逐良币”的规律在起作用之后，安东尼银币的重量从5.5克降到3克左右，含银量更是降到了5%。奥勒良统治时期（253–260年）规定，公民只可以用足量的第纳尔银币兑换含银量5%的安东尼银币。这一政策导致人们把好的银币藏了起来。到了加列恩（260–268年）统治时期，重约3克的第纳尔银币已经消失不见，塞斯特斯铜币则因价值过低而从市场上彻底销声匿迹，通货膨胀达到了极其严重的地步。

在罗马帝国强盛时期，实际上是一个地道的“小政府、大社会”。然而到了罗马帝国后期，行政系统大大膨胀。戴克里先（Diocletian）皇帝统治期间（284–305年），政府开支进一步激增。除武装部队和军事开支大幅增加外，罗马的官僚机构还极大膨胀，最为严重的是，筹建新首都耗资巨大。为此，戴克里先大幅提高各地罗马人的税收，劳动、生产、储蓄和投资因此受阻，商业和贸易衰退。

当税收不足以支撑开支时，戴克里先皇帝开始降低货币的成色。政府通过了法偿货币法令，要求罗马公民和整个帝国的臣属，都接受印上较高面值但成色不足的铸币。于是人们开始囤积所有金银含量较足的铸币，而在市场交易中使用成色不足的铸币。这自然意味着，每枚被削减成色的铸币，在市场上购买商品的数量，只能少于以往。随着罗马皇帝发行了越来越多不断减色的货币，价格上涨的势头愈加严重。

在走向衰落时，统治者们采取的经济刺激政策似乎只顾眼前，而不顾长远发展。301年，面对恶性通胀和贫民暴动，罗马皇帝戴克里先颁布了著名的《最高价格法》，开出了在所有行省范围内实施价格控制的物品清单，对价格实行行政控制。

考古学家发现了当时的价格表，上面详列着政府的规定价格：1000多种商品、货物和劳务服务的准许价格。对售价高于规定价格的，都以死罪论处。这项法令本来是想压制通胀，却带来了更坏的恶果。由于管制价格远低于公平的市价，许多农夫和厂商将失去销售商品的激励，因而更倾向于囤积居奇。价格控制导致市场上无货可售，越来越多的贸易以物物交换的方式进行，导致自由市场瘫痪了。这个时代一位名为拉克坦提乌斯（Lactanius）的罗马人如此描写戴克里先："他决心管制所有可售物品的价格。微不足道的缘故让人们鲜血横流；人们不愿给市场带来更多物资供应，因为他们无法为自己获得合理价格，这导致如此之多的匮乏，以至于有许多人死亡，最终，这项法律被搁置了。"结果，《最高价格法》通过四年后，戴克里先就退位了。虽然该法令从未被正式废除，但戴克里先退位后，很快就名存实亡了。

金本位制加重两极分化

君士坦丁一世时期（306–337年在位）舍弃了罗马传统的"银本位制"，改成"金本位制"。君士坦丁可以说成功地确立了对于稳定货币至关重要的强势货币，也奠定了后来欧洲金本位制的基础。然而，君士坦丁的改革发生在罗马银币贬值的背景下，结果造成了加重两极分化的后果。

当时，公职人员领取的薪水是价值稳定的金币，而普通人获得的报酬是已经贬值的银币或铜币。在缴纳税金时，按规定需要使用金币，而金币以外的银币、铜币的换算汇率放任为"变动制"。金本位制洗劫了社会财富，使得拥有金币的人成为富裕阶层，尤其是皇帝成为最富有的人，而没有公务的人日益贫困。这种举措等于让广大民众为国家的货币贬值买单。

4世纪的罗马因一连串政策直接冲击了之前作为社会骨干的中产阶级，使之沦落到崩溃的边缘。同时，由于战事不断，耕地荒芜，生产力大幅下降，经济增长停滞与通货膨胀同时存在，罗马帝国发生了“滞涨”。经济实力下降导致人口减少。传说2世纪时，罗马城有150万人。到了4世纪初，人口已减少一半。到4世纪末，只剩约30万人，回到了500年前的水平。

货币状况可以很好地反映出社会经济发展的诸多面相。保持币值稳定，制定合理的货币和财政政策，对于大国的繁荣稳定至关重要。

荷兰的大国崛起与衰落

荷兰在 17 世纪堪称世界的经济中心，被马克思称为“海上第一强国”。但是之后荷兰的黄金时代结束，其领先地位被英国所取代。

荷兰崛起得益于良好的金融体系

中世纪时的荷兰属于低地国家，当时国家权力弱小。为了收税，好人腓力召集他治下的各省代表讨论财政税收等共同问题。之后这个代表会议发展成等级会议，即由各等级代表参加的会议，从 1464 年开始定期召开。这就是荷兰议会的前身。议会的形成有效地解决了荷兰的国家财政需求。

以前，荷兰政府要通过很高的成本获得借款。哈布斯堡皇帝查尔斯五世从 16 世纪 20 年代到 50 年代与法国发生了漫长的冲突，这必然需要大量的军费开支。起初，当发现税收不足以覆盖支出时，哈布斯堡王国便从安特卫普货币市场借款，年利率从 6.25% 到 15% 不等。然而，由于作为债务人的王国日益显示出其不可信任，它很快就被货币市场拒之门外。1522 年，查尔斯五世在尼德兰的摄政者试图寻求替代的财政措施，他说服几个省的代表会议卖给政府债券，由未来的专项税收保证。这时一个重要的转变发生了，债务偿还不再是由王国保证，而是由代表会议保证。由于有荷兰代表会议的存在，所以确立的贷款利率非常低（6.25%）。这个改革使得荷兰代表会议可以史无前例地以低利率进行长期借款，除尼德兰起义反抗哈布斯堡时期（始于 1572 年）通行的极高利率之外，荷兰公债利率体现出长期下降趋势。

这样，一个良好的金融体系就建立起来了。不仅国家可以获得低息贷款，个人也可以获得。在 16 世纪中期，荷兰的一般贷方就能够以 4%-5% 的利率为大型建设项目融资，只是农民获得抵押贷款的利率稍高一点。根据亚当 · 斯密的描述，在稍晚的时期，荷兰政府能以 2% 的利率借款，这不是凭借强力，而是依靠信用。在良好的信用体制下，个人也能以 3% 的利率借款，融资成本非常之低。亚当 · 斯密的数据或许有些夸大其词，但至少表明了荷兰当时的突出优势。1610-1640 年，荷兰在排水系统上的融资规模达到惊人的 1000 万荷兰盾，这极大地促进了荷兰农业技术的改进。

在农业社会，随着经济的发展，人口也会增长，从而会落入马尔萨斯所谓的“人口陷阱”，即任何超过最低水平的人均收入的增长都会被人口增长所抵消，最终又退回到原来的最低水平。而荷兰成功逃脱了马尔萨斯的“人口陷阱”。荷兰不仅拥有肥沃的土地，还拥有摆脱了封建制度和宗教教义桎梏的自由农民。这些农民就像中国实行家庭联产承包责任制之后的农民一样，具有极大的生产积极性。

荷兰可谓是自生自发资本主义的典型，其经济的持续发展始于 16 世纪。荷兰共和国是由各城市和省组成的联盟，是一个松散的联合。或许正是由于这种松散，荷兰共和国的权力机构才愿意倾听企业家和商人们的意见，从而营造了一个宽松自由的商业环境。1631 年，荷兰主要城市间达成了自由贸易协定，运河的开凿得以蓬勃发展。到了 1665 年，荷兰已经建设了将近 400 英里的运河，为本国提供了世界上最完善的内运系统。荷兰还是欧洲的商品运转者，实现了通过商业而致富和增强国力。

当时荷兰人还享受着高工资。荷兰政府的人均国内生产总值几乎是北海对岸几国的两倍。到了 1700 年，荷兰的人均国内生产总值几乎是英国的两倍。当时，荷兰 34% 的人口居住在城市，城市化率远超欧洲其他国家。

荷兰的繁荣还与其宗教宽容的态度有关。荷兰在贸易和金融方面，对其顾客的宗教信仰等意识形态满不在乎，而更关心资金安全问题。

先发优势变为先发劣势

由于具有先发优势，荷兰并没有进行有意识的改革。这导致在发展到一定阶段后，荷兰的财富无从流通到下层社会，因此无法继续扩大生产与消费。用现在的话来说，就是内需不足。

荷兰没有出现英国的工业革命，主要是依靠商业贸易，科技、教育水平都不及英国。在这种情况下，荷兰实体经济弱小，工业规模较小且无竞争力。况且贸易在当时还受到国际保护主义和军事禁运的干扰。由于金融业过于发达和国内贷款利率较低，荷兰的少部分人依靠投资收入生存，绝大多数富余的资本投资海外，因为国外的债务利率高于荷兰本土的利率。

荷兰的金融优势开始下降，主要原因在于荷兰没有建立强大的中央银行对金融业进行宏观调控，也没有建立保护投资者利益的监督机构。结果是，投资银行侵害小投资者的利益，信用体系受到侵蚀。

荷兰以贸易立国，而在当时的国际环境下，荷兰经常受到周边国家的威胁，贸易需要强大的国家实力和军事力量予以保证。在 17 世纪时，荷兰曾是欧洲最重要的军事强国，然而荷兰的政治制度对其进一步发展形成了制约，荷兰的制度优势在减弱。荷兰虽然较早地成为共和国，拥有了议会制度，但是却未能着手进行现代建国。作为现代化的先发国家，荷兰过于依赖自生自发的因素，而不是积极地去建国立宪。

就建国立宪而言，像大多数国家的现代建国过程一样，荷兰有两种选择。一是像美国一样，结束邦联的松散状态，建立一个强大的联邦政府，同时走向民主共和国，把国家建立在公民个人的基础之上，而不是依赖贵族、家族、教会等中介组织进行统治。然而，当时掌握实权的大议长德·维特并无意向这个方向推进，他过于重视商业阶层的利益，而非平民的利益。

二是像光荣革命后的英国一样，实行君主立宪。实际上，当时荷兰的奥兰治亲王正是后来在英国实行君主立宪的英国国王威廉三世，同一个人在不同国家发挥的作用竟完全不同。掌权的德·维特不仅不想让威廉三世就任国王，还以国王的名誉整固荷兰邦联，甚至让威廉三世靠边站，使其失去了祖传的执政权力。德·维特的这种做法与许多市民的意愿相悖。德·维特是治世之能臣，却不是乱世之枭雄，与奥兰治派势同水火的德·维特落了个被私刑分尸的下场。在德·维特死后，威廉三世增强国家能力的努力依然受到了商业阶层的抵制。

长年的战争耗干了荷兰的金库，自生自发走向商业国家的荷兰由于没有现代国家制度作为保证，逐渐沦为二流国家，其领先地位逐渐被英国所取代，18 世纪成为英国的世纪。但是好景不长，英国的领先地位后来被美国取代。

为什么能源革命发生在英国？

17 世纪 50 年代起，煤炭开始成为英国能源消费结构中的第一大能源，到 18 世纪初，煤炭在英国能源消费结构中的占比已经接近一半。煤炭作为化石能源，属于一种现代能源，区别于风能、水能、生物质能等传统能源（有机能源）。煤炭较传统能源的功效更高，能大大提高生产力。因而由使用传统能源到使用现代能源，这场能源结构上的转变影响深远，触发了工业革命，改变了人们的生活方式，现代社会也在这个基础上得以运转。这场变革率先在英国发生的原因值得探究。

一、能源禀赋

彭慕兰的《大分流》[1] 认为，英国的现代化源于两个“偶然”事件，一是煤炭在英国的广泛分布和利用，二是英国大量的殖民地。彭慕兰所列的第一个原因即能源禀赋，显然是不符合事实的。中国是当今世界上第三大煤炭资源国，历史上很早就开始使用煤炭。河南郑州古荥镇冶铁遗址的挖掘发现，当地从西汉中叶至东汉前期就开始以煤为动力冶铁。南北朝时，我国北方家庭已经广泛使用煤取暖、烧饭；唐朝时，我国南

[1] 参见［美］彭慕兰：《大分流》，史建云译，江苏人民出版社 2004 年版。

方也开始广泛使用煤；宋朝时，煤炭在京都汴梁已是家用燃料。但是这些并没有引发中国的能源革命，对于中国现代工业化进程的影响也有限。世界上其他的能源储量大国，比如俄罗斯、澳大利亚、中东国家等，也都没有率先发生能源革命。

尽管李伯重认为，虽然中国的煤炭资源丰富，但是中国工商业发达的江南地区却是煤炭资源稀少。[1] 但莱特的研究表明，中国江南地区并不缺少煤炭资源。[2] 至少在当时的能源需求水平下，中国江南的煤炭资源并不稀缺，而地处江南的安徽省至今仍是中国的煤炭主产地之一。

中英之间在煤炭资源禀赋上的差别不是关键问题，甚至可以说，中国的煤炭资源比英国更丰富。没有一定的煤炭储量，在17世纪的情况下，英国是不可能发生能源革命的。但是能源禀赋是一个必要而非充分条件，能源禀赋状况并非影响现代能源革命的关键性因素。

二、能源需求——人口增长

能源需求无疑会倒逼能源结构转型，而在能源需求中，人口的大量增长是一个主要因素。[3] 但是对比英国和中国历史上的人口情况，会发现人口增长也并非中英发展异途的原因。

由于逃避税赋、服役等原因，中国历史上的官方人口统计存在较大的误差，目前修正后的研究基本认为，中国自宋代开始人口数量迈入“亿”

[1] 参见李伯重：《江南的早期工业化（1550–1850）》，社会科学文献出版社2000年版。

[2] 参见 Wright，*Coal Mining in China's Economy and Society 1895-1937*，Cambridge University Press，1984。

[3] 然而，并非所有学者都支持人口大量增长是现代转型的一个主要推力，一些学者甚至认为，大量人口会阻碍现代转型进程。如英国学者伊懋可（Mark Elvin）在《中国过去的模式》一书中提出了“高水平均衡陷阱说”，认为：中国没能成功地进行工业革命是因为中国人口众多，必须发展农业技术。参见 Elvin，*The Pattern of the Chinese Past*，Stanford University Press，1973。

的门槛，但是人口增长一直处于平稳状态，自清中期才超过2亿人。[1] 与中国的情况类似，英国人口增长率在工业革命发生前也没有较大变动。

表1　中国历史上人口数量的变动

朝　代	年　份	人口（万）	年均增长率（‰）
西汉	2	6000	
西汉	24	3500	–24.2
东汉	140	6000	4.7
魏	220	2300	–11.9
西晋	300	3500	3.8
隋	609	6000	1.7
唐	622	2500	–65.1
唐	755	7000	7.8
宋	980	3540	–3.0
宋	1110	14000	10.6
宋	1130	9000	–21.8
宋	1210	14500	6.0
元	1290	7500	–8.2
元	1330	8500	3.1
元	1341	9000	5.2
明	1391	7160	–4.6
明	1630	19250	3.8
明	1644	15250	–16.8
清	1679	16000	1.4
清	1776	31150	6.9
清	1820	38310	4.7

[1] 参见葛剑雄主编：《中国人口史》，六卷本，复旦大学出版社，2002年全部出齐。

续表

朝　代	年　份	人口（万）	年均增长率（‰）
清	1851	43610	4.2
清	1880	36450	-6.2
清	1910	43600	6.0

数据来源：曹树基：《中国人口史第五卷　清时期》，复旦大学出版社 2001 年版，第 831-832 页。

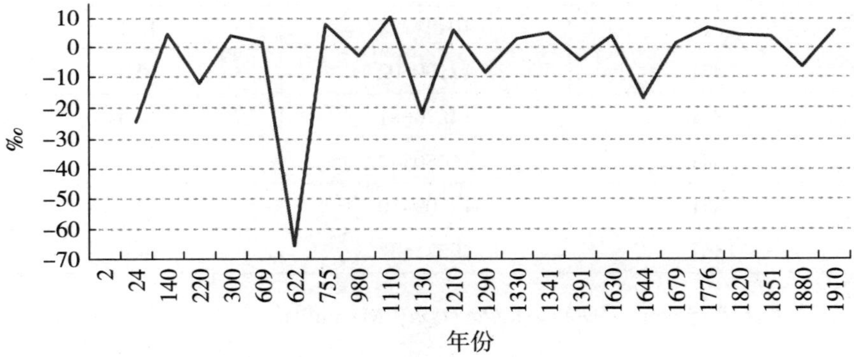

图 1　中国历史上的人口年均增长率

表 2　英格兰和威尔士历史上人口数量的变动

年　份	人口数量	年均增长率（‰）
1570	4160321	
1600	4811718	4.9
1630	5600517	5.1
1670	5773646	0.8
1700	6045008	1.5
1711	6252105	2.1
1721	6252759	0
1731	6182972	-1.1
1741	6153227	-0.5

续表

年　　份	人口数量	年均增长率（‰）
1751	6335840	2.9
1761	6720547	5.9
1771	7153494	6.3
1781	7573787	5.7
1791	8255617	8.7
1801	9192810	10.8
1811	10467728	13.1
1821	12190302	15.4
1831	14070681	14.4
1841	16050542	13.3
1851	18109410	12.1
1861	20281587	11.4

数据来源：Jevons，*The Coal Question*，Macmillan and Co.，1866，p.182.

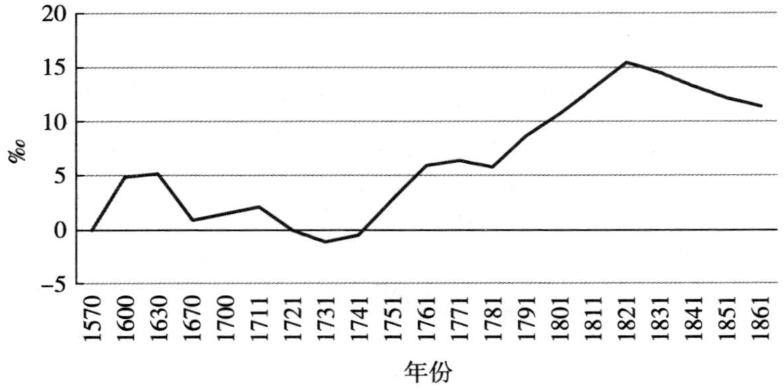

图 2　英国（英格兰和威尔士）历史上的人口年均增长率

由以上数据可以看出，人口增长并非英国能源革命的推动因素，因为英国在能源革命发生前并没有人口的爆发式增长。相反，能源革命与工业革命一起促进了人口的增长，从18世纪后期起，英国人口出现了较快增长的趋势。中国由于在同期没有发生能源革命和工业革命，人口增长一直不明显。可见，人口增长是结果，而非原因。

三、能源需求——人口结构

人口增长情况未能说明英国能源革命的原因，并非可以完全否定人口因素对于能源结构的影响。在早期现代，人口结构因素对于能源结构可以产生较大的影响。在农业社会，一个人吃、穿、住、行所需的能源并不多。但是城市化后，需要建更多的房屋、更多的道路，更为重要的是工业化对能源需求的拉动巨大，这些都制造了大量的能源需求。在人口结构的演变上，恰好可以看出中英发展的差异。

城市化率是指城市人口占总人口的比重，是反映城市发展程度、人口结构的重要指标。关于中国古代人口的数据，不同研究的差别较大，本文采用葛剑雄主编的《中国人口史》的数据。中国在北宋时就出现了当时世界上最大的城市——汴京，汴京最盛时有13.7万户、150万人左右。[1] 但实际上有宋一代的总体城市化率并不高，在10%左右，就全南宋地域而言，城市人口大约占总人口的12%。[2] 宋之后，中国的城市化率始终没有发展，反而不断下降。洪武二十六年（1393年），全国7270万左右的人口中，大约有6650万民籍人口，620万军卫人口（包括军人及其家属），大约有633万人口居住在城市中，占民籍人口总数的9.7%。由于都城北迁，明代之后的城市化水平很难超过明代初年。[3] 乾隆四十一年（1776年），中国城市人口总数为2273.4万，占中国人口总

---

[1] 吴松弟：《中国人口史第三卷　辽宋金元时期》，复旦大学出版社2000年版，第574页。

[2] 吴松弟：《中国人口史第三卷　辽宋金元时期》，复旦大学出版社2000年版，第619页。

[3] 曹树基：《中国人口史第四卷　明时期》，复旦大学出版社2000年版，第368–369页。

数的 7.3%。虽然城市人口大大增加，但是城市化率却较明代下降了。可见，中国历史上的城市化率不仅没有明显增长，反而出现了下降的趋势。

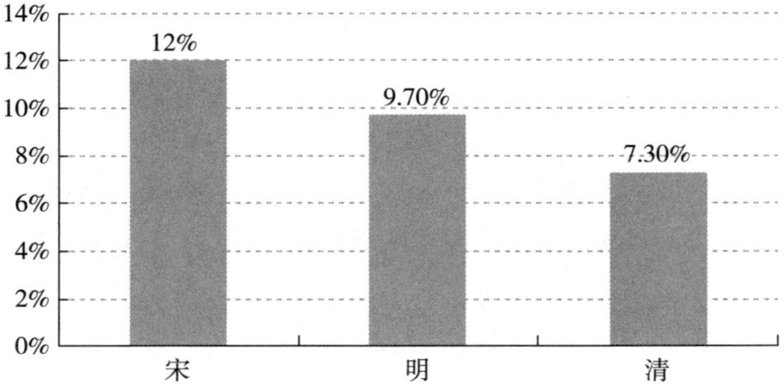

图 3　中国历史上的城市化率

数据来源：葛剑雄主编：《中国人口史》，六卷本，复旦大学出版社，2002 年全部出齐。

相比而言，英国在能源革命发生前，城市化率处于持续增长中。从 1520 年开始，英国的城市人口比重一直在上升。1520 年时，英格兰的城市化率仅为 5.25%，到了 1800 年，城市化率增长到 27.75%，如图 4 所示。

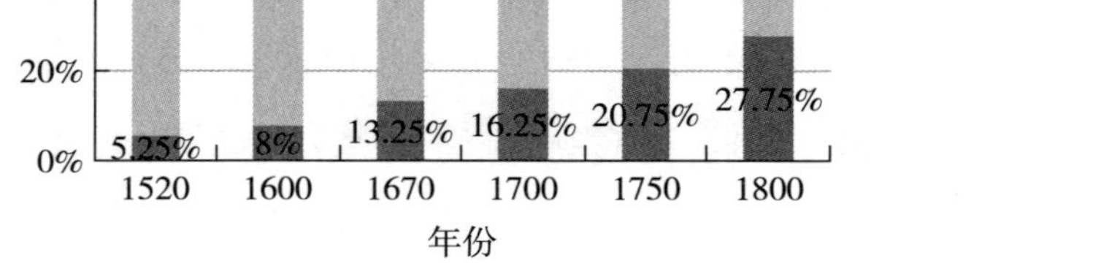

图 4　英国人口结构，1520–1800 年

数据来源：E.A.Wrigley, *Energy and the English industrial Revolution*, p.61, Tab 3.2.

城市化的发展，意味着要用更少的农民去养活更多的人。在传统能源模式下，农业不仅提供人们基本的衣食，还提供基本的能源——生物质能。在城市化发展的情况下，如果农业还要承担基本能源提供者的角色，土地和农业从业者必定不堪重负，尤其是英国本来就面临着耕地的劳动力相对短缺。根据赵冈的研究，古代中国的人均耕地面积远远小于英国，反过来也可以说，英国的亩均劳动力远远小于中国。英国的庄园制度时期，农奴从领主手中得到的分地，普通是30英亩大小，多者能达到80英亩。在中国，以汉平帝元始二年的人口与耕地总数来说，每人平均只有1.6英亩，平均五口之家的农户只有8英亩耕地。中国自从有信史以来，每户的平均耕地始终在30英亩以下，而且总的趋势是平均耕地愈来愈小。[1]

英国的城市化倒逼了能源结构转型。从17世纪50年代起，煤炭在英国能源结构中的比重不断上升（见图5）。对比表4，煤炭在能源结构中比重的增长因应英国城市化率的增长，从18世纪初到19世纪初，城市化率每增长一个百分点，煤炭的消费比重就会平均增长2.8个百分点。

表3　英国能源结构（英格兰和威尔士），1560s–1850s（单位：千万亿焦耳）

	1560s	1600s	1650s	1700s	1750s	1800s	1850s
牲畜力	21.1	21.4	27.7	32.8	33.6	34.3	50.1
人力	14.9	19.2	26.1	27.3	29.7	41.8	67.8
木材	21.5	21.8	22.2	22.5	22.6	18.5	2.2
风能	0.2	0.4	0.9	1.4	2.8	12.7	24.4
水力	0.6	0.7	0.9	1.0	1.3	1.1	1.7
煤炭	6.9	14.5	39.1	84.0	140.8	408.7	1689.1
煤炭消费占比（%）	10.6	18.6	33.4	49.7	61.0	79.0	92.0

数据来源：E.A.Wrigley，*Energy and the English industrial Revolution*, 2010，p.37，p.94.

[1]　参见赵冈、陈钟毅：《中国土地制度史》，新星出版社2006年版。

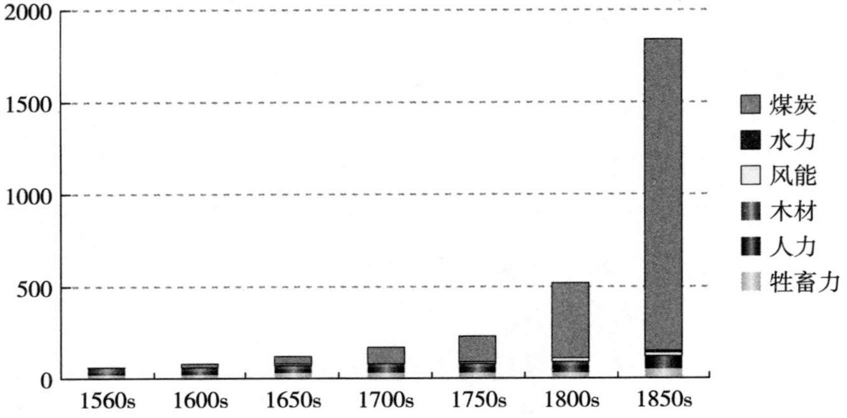

图 5　英国能源结构（英格兰和威尔士），1560s–1850s（单位：千万亿焦耳）

表 4　1600 年以来英国煤炭消费对城市化率的弹性

时　　期	1600s–1700s	1700s–1750s	1750s–1800s
煤炭消费对城市化率的弹性	1.3	1	1
煤炭消费比重十年增长率	26.7	12.3	13
城市化程度十年增长率	20.3	12.8	13.4

从表 4 可以直观地看出，英国煤炭消费增长与城市化程度增长之间具有极强的一致性，城市化对于能源结构转型具有巨大的带动作用。相比之下，中国的煤炭工业发展缓慢，到了 18 世纪，中国的人均煤炭使用量已经远远落后于英国。[1] 英国虽然在 1600–1800 年间，农业人口占比出现了下降的趋势，却满足了总人口增长情况下的农业需求。现代能源替代了农业作为基本能源提供者的角色，满足了城市化和工业化的需求，反过来又推动了城市化和工业化，对此可以称为“现代能源红利”。

[1]　对于中国当时的能源结构，缺乏准确的数字，此处的说法来自多位此领域研究者的估计。参见［荷］弗里斯：《从北京回望曼彻斯特：英国、工业革命和中国》，苗婧译，浙江大学出版社 2009 年版，第 98–99 页。

四、能源需求——产业结构

不同的产业结构对于能源的需求影响不同，重工业要比轻工业和农业对能源的需求更多。

15 世纪以来，英国出现了重工业增长迅速的局面。金属工业中心伯明翰的人口在 1675–1769 年就增长了 4.5 倍。以煤铁工业为主的矿冶业在 16–18 世纪英国重工业发展中居于中心地位。早在 1551–1569 年，英国 9 个主要煤田的年产量已达 21 万吨。到 1681–1690 年，这些煤田的年产量增加了 13 倍，达到 298 万吨。在工业革命开始的 1750 年（通说），又增加到 473 万吨。[1] 而煤炭的重要用途之一就是重工业，如制造业、造船业等。正是在这个基础上，英国远远把中国甩在后面，以致后来用坚船利炮敲开了中国的大门。

相比之下，中国工商业发达的江南地区以轻工业为主，重工业发展缓慢。因此对于现代能源的需求有限，“现代能源红利”的作用也有限。明清时期的江南几乎没有煤铁工业，因此也很难出现工业的规模经济。据研究，明代江南吴江等 5 县的五金匠总数不过 878 户。[2] 不仅如此，在明清几百年中，虽然轻工业在迅速发展，重工业在工业中所占的比重却在不断下降。[3]

明清江南的能源使用量较低，从能源消耗量最大的工业部门来看，江南五金加工业所用能源，仅为木炭 1 万吨（明代后期）和 4.5 万吨（清

[1] 李伯重：《江南的早期工业化（1550–1850）》，社会科学文献出版社 2000 年版，第 468 页。

[2] 李伯重：《江南的早期工业化（1550–1850）》，社会科学文献出版社 2000 年版，第 414 页。

[3] 李伯重：《江南的早期工业化（1550–1850）》，社会科学文献出版社 2000 年版，第 464 页。

代中期）。而 17 世纪末英国金属工业除了使用大量木炭之外，还要烧煤 20 万吨以上。[1]

轻工业对旧有产业结构的冲击不大，可以类似于农业生产的作坊模式进行，有些轻工业（如纺织业等）本身就是农业的延伸。而重工业需要集中生产和规模经济，这意味着产业结构的重大转型。重工业的发展制造了巨大的能源需求，而能源转型又进一步促进了产业升级。

五、能源成本——科技进步的作用

能源成本包括内部成本和外部成本。就能源而言，其外部成本主要是对于生态环境的负外部性，这在今天引起了人们越来越多的关注，但是在早期现代阶段，虽然对于煤炭污染的批评很多，但是发展相比生态环境得到了更多的强调。而能源的内部成本则对于这种能源的推广普及具有至关重要的影响。在此，不可忽视科技进步对于提高能源利用效率、降低能源开发成本的影响。

蒸汽机的发明在英国煤炭能源的开发推广中起到了关键作用。英国的煤田煤层厚，基本都在海平面以下，因而矿山积水严重。在这种情况下，要想把煤挖掘出来，需要先把积水抽干。为了解决这个问题，萨弗里制成了世界上第一台实用的蒸汽提水机，在 1698 年取得标名为“矿工之友”的英国专利。但是萨弗里提水机的特点是靠真空的吸力汲水，汲水深度有限，最多不能超过六米，这还是很难面对英国的大量厚煤层。因为要想从几十米深的矿井汲水，必须将提水机装在矿井深处，用较高的蒸汽压力将水压到地面，这无疑是困难而又危险的。为此，英国

[1] 李伯重：《江南的早期工业化（1550–1850）》，社会科学文献出版社 2000 年版，第 474 页。

工程师纽科门及其助手卡利于1712年首次制成可供实用的大气式蒸汽机，用以驱动独立的提水泵。这是第一个实用的蒸汽机，是瓦特蒸汽机的前身，为后来蒸汽机的发展和完善奠定了基础。这种蒸汽机先在英国，后来在欧洲大陆得到迅速推广，被广泛应用了60多年，在瓦特完善蒸汽机的发明后很长一段时间还在使用。最后不得不说的是詹姆斯·瓦特，瓦特制造出的蒸汽机被称为“万能的原动机”，在工业上得到广泛应用，开辟了人类利用能源的新时代。蒸汽机应用到矿山开采业，降低了人们的劳动强度，机器相比于人最大的优点是可以连续开采，这就大大提高了劳动生产率，降低了生产成本。在科技进步的作用下，到1800年左右，英国的煤和铁的产量比世界上其他地区产量的总和还要多。

相比之下，中国虽然很早就有了令人骄傲的“四大发明”，但是在应用技术方面却始终未有重大突破，这也被称为“李约瑟之谜”。

六、英国结构转型的深层原因

中西比较应该放在大历史的视野下，比较不同地区历史演变的关键因素。能源革命在英国的发生绝非偶然事件，是城市化、产业升级和科技进步相互作用的结果，其中城市化是一个关键的结构转型。城市的发展离不开农业劳动力的转移，而在农业劳动力转移方面，中英在历史上体现出了不同的“推力与拉力”。

根据赵冈的研究，古代中国的人均耕地面积要远远小于英国。也就是说，在同样的耕地上，中国的劳动力要远远多于英国。这意味着，中国应该比英国有着更多的劳动力富余，更容易向城市转移农业劳动力，但事实并非如此。伊懋可[1]、赵冈均认为，中国过多的人口形成了劳动密

---

[1] 参见Elvin，*The Pattern of the Chinese Past*，Stanford University Press，1973。

集型农业，从而抑制了城市及工商业的发展。但是，土地的粮食亩产主要受制于地力和农业科技，而不是同一块土地上耕种的人越多，产出就越多，“人多地少”会激发人们寻找新的出路。一定还有其他原因阻碍了中国农业劳动力的转移，劳动密集型农业是“果”而非“因”。

中英城市体制的不同是一个重要原因。西方中世纪的城市是由封建社会分化出来的，独立于封建领主直接控制之外，成为独立的经济单元。因为城市功能的单纯性，只要经济不断发展，城市一般都很稳定，逐渐扩展，很少有强烈的兴衰起伏。前文所述的英国城市化率不断增长就是一例。

西方中古城市自由市民的身份对于农业劳动力极具吸引力。比如1227年，英国国王亨利三世就给克劳彻斯特城颁发了特许证，其中明文规定，农奴在城市住满一年零一天便成为自由人，可以受到城市法律的保护。14世纪，受黑死病影响，劳动力短缺，农奴可以逃离庄园，到报酬较高的地方工作，农奴制在事实上解体，农民取得了自由选择工作地点的权利。因而西欧中古城市一开始主要以庄园中逃亡的农奴、手工业者为主要居民，基本上是一个生产城市。同时，长子继承制促进了阶级流动，使得富裕家庭的次子、幼子向城市工商业转移，成为优质商人，提高了商业质量。

到了工业革命之时，当英国的“一个工业中心突然迫切需要劳动力时，附近农村就会成为劳动力来源，形成四周向中心流动的向心型转移；而周围农村因流动而形成的劳动力短缺又由更远的地区来填补”。在这里，劳动力的自由流动机制至关重要。这种人口流动模式不仅为工业化提供了劳动力，促进了英国的城市化进程，而且有助于消弭地区发展差异。[1]

[1] 参见钱乘旦：《寻找他山的历史》，复旦大学出版社2010年版。

在政治制度上，范·赞登（Jan Luiten van Zanden）教授对欧洲各城邦的规模增长率与政权持续时间、议会活动指数的关系，做了大样本量化回归分析，发现议会活动指数越高的国家，其城市发展速度、货币汇率稳定性越高，这些国家在18世纪、19世纪的经济增长越高，并且也是工业革命的主要倡导者。[1] 英国是世界上议会制度的发源地，政治制度较为成熟，或许这也是英国首先发生结构转型、能源革命的一个重要原因。

而中国古代的城市是作为政治中心出现的，不是由工商业者组织而成的。在城市里，府衙是中心，工商业则是附属产物，基本上是消费城市。城市也常因政治与军事功能的变动而兴衰变化，不会有持续的城市化发展。中国自宋朝之后城市化率的下降印证了这一点。

相比西方的自由民身份，古代中国有着转移农业劳动力的另一条途径——科举。面对人多地少的约束，科举成了众多底层劳动人民改变命运的重要方式。比如，福建山多田少，生计艰难，走读书当官之路的人特别多。据载，建宁府（今建瓯县）“土狭人贫。读且耕者，十家而五六”[2]。由于读书风气兴盛，在宋代的科举考试中，福建人异军突起，到北宋后期，福建的秀才数量已居全国前列。南宋末宰相、诗人吴潜总结全国的科举考试情况时便认为：“士之精于时文者，闽为最……”宋代似乎存在人均耕地越少，“家贫子读书”风气越盛的特点。[3] 这一趋势在后来历朝历代中也很明显。但科举制度的存在以及与科举制度相关的意识形态，抑制了工商业的发展，使得优秀的人才不会流向工商业，同

[1] 参见 Jan Luiten van Zande，*The Long Road to the Industrial Revolution*：*The European Economy in a Global Perspective*，1000–1800，Boston：Brill，2009。

[2]《永乐大典·胡寅斐然集》。

[3] 参见吴松弟：《中国人口史第三卷　辽宋金元时期》，复旦大学出版社2000年版，第640–641页。

时科举制度对于教育制度的塑造也抑制了独立的科学研究的发展。

能源革命推动了英国的工业革命和现代化进程，也开启了人类大规模使用化石能源的历史。然而，历史似乎有着一种微妙的轮回。由使用可再生的传统能源到使用不可再生的化石能源，标志着人类历史上的一大进步，而使用化石能源给人类带来了生态环境危机，今天全球正在准备一场杰里米·里夫金所谓的“第三次工业革命”[1]。“第三次工业革命”的含义，是指我们正处于第二次工业革命和石油世纪的最后阶段，人类将迅速过渡到一个全新的能源体制和工业模式，步入一个“后碳”时代，这个时代以绿色能源和能源互联网的普及使用为主要特征。简单来说就是要由使用化石能源回归使用可再生能源，但是要以一种现代化的、高效的方式使用可再生能源。新的能源革命不是简单地设定能源消费指标就能实现的，需要整个经济结构的转型，需要城乡结构、产业结构作出重大调整，当然还需要科技创新。

[1] 参见［美］杰里米·里夫金:《第三次工业革命》，张体伟译，中信出版社 2012 年版。

英国个人所得税是如何被民众心甘情愿接受的？

对于所得税的合法性，人们一直存在疑问。为什么人们应该将其勤恳工作而获得的收入的相当一部分交给国家？所得税由于常常令人想起象征着压迫的人头税，所以一开始就会遭遇种种反对。在征收所得税的问题上集中体现了国家权力与个人权利的关系，一方面是国家的权威，另一方面是个人固有的财产权。现代的个人所得税产生于英法拿破仑战争时代的英国，曾经被称为击败拿破仑的税。也就是说，由于征收了个人所得税，大大丰富了英国的国家收入，从而击败了强大的拿破仑。个人所得税毫无疑问是英国对于现代财政体制最重要的贡献之一。税制是一个国家的基本制度，个人所得税尤其集中体现了国家与个人的关系，个人所得税从遭遇抵触到被接受，与英国 18 世纪的政制发展有着密切的关联。[1]

一、英国个人所得税的出现

在税收中有直接税和间接税之分。直接税向个人征收，间接税则就物

[1] 本文主题的时间段是“18 世纪”，实际上，英国的个人所得税出现于 1799 年，发展于 1803 年，但它与 18 世纪以及前溯到光荣革命时期的英国宪制发展有着密切关系。

体、服务和交易征收。所得税是一种直接税，而货物税、关税和消费税等则是间接税。个人所得税属于现代意义上的人税。传统意义上的人税是指人头税等，由于将人作为税收客体而难以为文明社会所承袭，现代意义上的人税是指以财产所得和归属为中心并依该人情况所课征的税。[1]

在西方民主国家出现以前，一般而言，政府的运作和维持都要依靠自己的资产，加上关税、货物税以及其他一些税费。直接税仅仅对地位较低的阶级，即最贫穷的阶层进行征收，并且被视为社会地位低下的象征。[2] 富有阶层仅仅在国家处于紧急状态时，通常是加入战争或者受到战争威胁时，才会被政府要求捐输财物。因此，在几个世纪里，在针对富有阶层进行征收的时候，直接税一直被当成自愿的“援助行为”。在英国直接税就被视为通过国民的代表们向国王敬献的“礼物”。[3]

在中世纪，定期缴纳税收的义务被等同于个人自由的丧失。直接税是在战时紧急情况下才采取的措施。

在 14 世纪 30 年代，百年战争爆发前夕，爱德华三世下令对个人动产征税，但这项税收每年必须由议会批准延期。这是一项对城市（自治市镇）居民的个人财产征收 10%、对居住在农村（郡）的居民的个人财产征收 1/15 的财产税。这就是所谓的“定量”（quota）税，可以视为所得税的雏形。这一税收先确定整个国家征收的税款总额，再委托各个地区将之在纳税人中间进行分摊。这一税收逐渐被对财产征收“定率”（assessed）税的“特别津贴”所代替。议会向国王的拨款主要就是依赖

[1] 参见［日］北野弘久：《税法学原论》，陈刚、杨建广等译，中国检察出版社 2001 年版，第 27–28 页。

[2] 想象古代的人头税。

[3] 参见［美］理查德·派普斯：《财产论》，蒋琳琦译，经济科学出版社 2003 年版，第 278–279 页。

于这种特别津贴。在战争年代，议会把特别津贴增加了 2 倍、3 倍，甚至 4 倍。

光荣革命后，英国的财政机制发展成在议会和大臣们控制之下的相对有效的行政机制。然而，它还是不能制造充分税收，满足战争的紧急状态或者偿还国债的需要。外战的紧迫性为个人所得税的确立创造了条件。

在对法战争时，起初英国想用传统税收——消费税、遗产税[1]、土地税和关税——支持战争。但是这些税收不够用。1797 年，开始针对财产，主要是针对某些奢侈品，如马、仆人、发粉和窗户，进行三重征税，希望以此避免对收入直接征税，避免增加对个人财务的侵入。尽管征税是根据支出计算的，但是三重征税最大的贡献在于使征税与收入联系在一起。然而，在财政上，三重征税是一次惨败。首相小皮特本来希望征收 450 万英镑，实际仅仅征收到 200 万英镑。避税似乎是一个重要的问题。

增加消费税不是解决办法，因为它在不恰当的地方对商品征税，把税负转移给了消费者。而大量的英国商业财产属于制造者，而不是消费者。税负应该落到生产者身上。因而，所得税成为最佳的选择。在三重征税失败的阴影里，皮特提出并且证成了经过仔细设计的直接所得税计划。

1799 年，英国征收了累进的所得税，来为对法国的战争提供资金。它对英国境内所有人和公司的所有实际收入进行征税。年收入在 60 英镑以下的公民免予交纳，但是其他人都要按照累进税率交税；年收入达到 200 英镑或者以上的公民应交纳 10% 的收入税。1800 年，英国的所

[1] 出现于 1796 年，是首相小皮特解决对法战争支出的一项措施。

得税收入达到600万英镑，但仍远远低于皮特估计的1000万英镑。然而，这已是三重财产税的收入的3倍之多。由于皮特的短暂离职[1]及英法亚眠条约[2]的签订，这项税在1802年被废止。

短暂（一年的时间）接任皮特的是阿丁顿（Addington），由于战火在1803年重新燃起，他又重新提出了所得税方案。这个方案不是简单地复制1799年的所得税，1803年提出的所得税税率为5%，以低税率避免逃税行为的发生。应税所得允许扣除利息、红利、租金、资金收益和国王奴仆的薪金。并且仅对财产和效益好的产业征税。[3]后世的所得税对税基的规定多仿照这些做法。这些比较人性化的措施在一定程度上避免了欺诈和逃税的发生，这一次的所得税方案运行得很成功，尽管税率是原先的一半，但产生的税收几乎与1799年的所得税相当。在1813年，为应对战争而提出的所得税达到了其最高的15795691英镑。

二、光荣革命后的英国政制

与我国古代的“皇粮国税”观念不同，在欧洲，至少在英国，征税与财产权之间存在一定的张力，尤其是对于富有阶层征收个人所得税更是会遭遇阻力。从中世纪以来，在西欧国家尤其是在英国，私有财产神圣不可侵犯是不成文的宪法的根本原则。“一个人的住宅就是一座城堡。”财产权强调的是不受干涉的权利，国家权力不能随意对家庭进行干涉。所得税受到的最大挑战首先便是财产权神圣的观念。而英国的税收从

[1] 1801年，小皮特将爱尔兰正式纳入联合王国，并欲宣布解放爱尔兰天主教徒以作为补偿。但乔治三世恪守英国国教，不批准这一条件，皮特只能辞职。1803年，首相阿丁顿在反法战争中受挫辞职，小皮特再任首相。

[2] 亚眠（Amiens），法国地名。《亚眠条约》是欧洲第二次反法联盟失败后英国与法国签订的停战条约。

[3] 参见 The Act of 1803，43 Geo. III，c. 122（1803），XI Stat. Large UK 1012。

十二三世纪起就由议会所决定，要想顺利通过个人所得税，需要制度环境的允许。

1799 年直接所得税的出现标志着英国财政史上一个重要的转折点。所得税反映了主流经济思想的重要转型，从根本上改变了个人与中央政府的关系。它既提供给政府大量新的税源，又使得政府可以获得关于个人财富、生活方式的信息，而这些以前是不能得到的。随着时间的增加，税收使得政府可以扩大它所提供的公共物品，从社会保险到福利规划，再到作为现代商业基础的道路和交通体系。同时，中央政府的权力随着公民越来越依赖于它而增强。可以说，英国社会的每个层面，从上等社会到下级阶层，从中心到边缘，都感受到了这次财政改革的影响。[1]

虽然这次直接税的实行与战争密切相关，但却是在光荣革命后英国政制发展的背景下产生的，解决了所得税的合法性问题，并且为所得税的征收提供了一套高效的官僚机制。

1688 年光荣革命的结果是产生了一个“混合均衡”宪制，[2] 它不是君主制的，不是贵族制的，也不是民主制的，而是三个部分分享权力的混合政体。通过精心设计的制衡体制，它的运作有规律且相安无事，保证了国家免予绝对的君主制、贵族的寡头政治以及大规模民主运动的弊端。1741−1742 年时，休谟发表了《道德与政治论文集》第一版，在书中他把英国的这种政制模式称为“共和”。他认为，英国的混合政府体制创造了无可比拟的政治自由，整个人类历史都没有如此自由、理性、满足

---

[1] 参见 Margaret Levi, *Of Rule and Revenue*, University of California Press, 1988, p.122。

[2] 也有学者把这一时期称为“寡头自由主义”或“寡头政体”。实际上，被称为“寡头”的贵族恰恰是英国混合均衡宪制的关键，贵族成分能够起到平衡作用，保证英国的政治不至于一下子走得特别极端。

人类尊严的体制。[1]

这个混合均衡宪制的首要特征是议会主权。英国著名的宪法学家戴雪曾经说，议会主权是“英国政治制度的首要特征”，“宪法的基石”。[2]但是“议会主权”不等同于“人民主权”，英国的议会实际上是国王、贵族院和平民院的“三位一体”。威廉·布莱克斯通在其著名的《英国法释义》中把“英国政制”理解为，王国的立法权属于三个截然不同的权力，即国王（一个人）、贵族（一个贵族的集合）以及众议院（一种民主制）；通过共同运作，摆脱了绝对的君主制、贵族制和民主制的问题，非常完美而又恰当地结合了每个纯粹形式的优点。[3]最为重要的，也是这种政制形式的真正要点，是每个组成部分都对任何其他组成部分的滥用权力提供了潜在的制约，这反过来确保了政治秩序最好地适应于保持公共自由：这三个截然不同的权力就像三种力，从不同的方向联合推动政府这台机器运作；但是同时又在一个方向上共同分担，一个构成共同体真正的自由和幸福底线的方向。[4]

但是在这种混合均衡政体之中有一个一般的趋势，就是王权的衰落和议会的至高地位。到 1799 年，议会，尤其是众议院，大大提高了其对税收政策的控制。议会也大大减少了“王廷的影响”——具体而言就是君主、包括首相通过安置禄虫（通过王廷任命获得职位的官吏，他们通常是贵族身份）控制议会的能力。同时，在行政机构内部，君主和内阁大臣的权力均衡转向了内阁大臣的权力主导。

---

[1] Hume, *Political essays*, Cambridge University Press, 1994, p.217.

[2] Dicey, *Introduction to the Study of the Law of the Constitution*, E. C. S. Wade ed., Macmillan, 1964, p. 39, p. 70.

[3] Blackstone, *Commentaries on the Laws of England*, I, Clarendon Press, 1979, pp. 50–2.

[4] Blackstone, *Commentaries on the Laws of England*, I, Clarendon Press, 1979, p.151.

三、议会与征税的合法性

在英国历史上，有一项不可违背的原则，即未经议会批准，国王无权征收新税。这一原则在实施中使国王与议员们之间形成了分享权力的合作与牵制关系。国会任何试图强行征税以逃避议会权力制约的企图，都遭到了议会激烈的抵制，最终不得不以放弃而告终。1689年，英国议会制定《权利法案》，其中第4条规定："凡未经议会允许，借口国王特权，或供国王使用而任意征税，超出议会准许的时间或方式皆为非法。"这在国家法律上正式确立了近代意义上的税收制度安排，议会承担起推行公共财政制度的历史责任。

议会对财政控制的关键是议会在征税中日益增加的决定权。议会不再是仅仅以财政政策限制君主，它更积极地制定税收政策，每项新税都伴随议会激烈的争论。此外，议会还负责选择税种，如1688年以后施加的土地税，使议会对政府开支的控制最大化。

由于征收所得税需要了解人民收入的详细情况，征税的交易成本很高，这就更需要人民有自愿纳税意识；如果缺乏一个审议机构，仍然要求人民稀里糊涂地纳税，人民就会想方设法逃缴所得税。由于所得税意味着政府对个人隐私和私权明显的"侵犯"，民众不会再允许一个强大的君主拥有这种权力。只有充分确保政府将提供他所许诺的服务并且相对平等地分配税收，只有公民相信他们的政治影响力足以限制所得税的"暗箱"使用，公民才能心甘情愿地准许所得税。于是议会在其中发挥了重要作用。随着代议机构逐渐控制了财政决定权，君主不得施加所得税，所得税的征收变得畅通无阻。

总体看来，1799年第一个所得税在英国出现的原因有三点："首先，由于政府成功地（通过议会）说服公民，所得税对于资助一场深得人心、即使昂贵的战争是必要的。其次，政府能够提供保证把税金用于军队本身，最终目的是要在拿破仑身上拿下一场完胜的战役。最后，政府能够提供保证，每个公民都能缴纳自己的那一份，政府机构相对诚实，没有人（事实上）会侵吞这些钱财。对累进税的保证、对隐私的保护以及公众相信不大会有行政浪费、腐败或者管理不善，这些是所得税得以实施的先决条件。”[1] 可以说，是民主政治打开了纳税人的钱袋。当国家为保护公民权利而存在时，所得税与财产权之间的矛盾就得以缓解，因为国家可以利用税收为公民的财产权提供更好的保障。

四、税收管理的理性化

18 世纪英国在国际上取胜的关键在于两方面：由胜任的行政官员填充的相对有效的官僚机构的出现，以及作为欧洲毫无疑问的最精密的财政体制的发展。[2] 而这也要归功于光荣革命后英国政制的发展，行政机构变得更为有效和专业化。

起初，国家的税收是由包税人（tax farmers）收取的。在国家官僚机构不发达的情况下，这种体制也有一定的好处。包税人由于切身利益的关系会想出防止偷税漏税的技巧和窍门。[3] 但是包税人常常会利用自己的地位谋取巨大的财富。

克伦威尔之后，英国的税收体制开始逐步改善。第一个最为重要的改变是在 1660-1690 年取消了所有包税制（tax-farming）。专门的税收

[1] 参见 Margaret Levi, *Of Rule and Revenue*, University of California Press, 1988，pp.137-138。

[2] 参见 John Brewer, *Unpublished Book on the British State in the Eighteenth Century*, Department of History and Literature, Harvard University, 1985, p. 38。转引自 Margaret Levi, *Of Rule and Revenue*, University of California Press, 1988，p.132。

[3] 参见［法］孟德斯鸠：《论法的精神》，张雁深译，商务印书馆 1997 年版，第 225 页。

行政机构取代了包税人开始有效地运转。根据德才兼备的标准任命税务官员，而且税务官必须参加资格考试，他们对自己的所有行为负责。他们通常由一个征税区域调动到另一个区域，以避免与当地的商人过于亲近。此外，政府通过财政部对征税施加了更大的控制。到1683年，包税制已经几近绝迹，从此以后，大多数税都是通过政府雇员征收的。[1]

但是税务官也并非两袖清风。英国经历了行政腐败。直到18世纪，税务官在把税收交给财政部之前赚取这些资金的利息，都不是什么新鲜事。“公家的钱总是粘在经手官员的手指上。”[2]税收到达财政部的时间之长促进了投机主义。然而英国相对迅捷的行政效率有着悠久的传统，当时英国已经拥有一个经过“改革”的、比其他欧洲国家有效的财政结构，这种体制同时也在抑制着投机主义。

消费税是当时的主要税种，消费税的征收有着严格的组织和监督。当时的监督形式已经很现代了。例如，属于消费税征收对象的蜡烛制造商被严格地监视。没有人能在不通知税收官时间、地点的情况下生产蜡烛。未能报告蜡烛生产器具的准确数字的生产商将被处以罚款。每个月都要制作关于所有蜡烛生产情况的报告，残次的蜡烛由消费税征收官员销毁。消费税征管人员的规模非常大。1708年财政机构的全职人员共有4780人，负责消费税的有2247人，负责关税的有1839人。1782−1783年，有4908名全职雇员负责消费税，2205人负责关税。税务官的晋升根据资历和技能决定，这保障了官僚队伍的专业性。此外，精心设计的监督

---

[1] 但是直到1769年，仍有少量税的征收权以一次性付款或者固定比例的方式被卖给私人，这样税收中的一部分就留在了私人手中以弥补征税成本。

[2] John Brewer, *Unpublished Book on the British State in the Eighteenth Century*, Department of History and Literature, Harvard University, 1985, p. 42. 转引自 Margaret Levi, *Of Rule and Revenue*, University of California Press, 1988, p.133。

机制可以确保发现和惩罚不做事的税务官。

18 世纪后期，在小皮特的推动下进行了行政改革，使财政机制变得更有效。这些改革措施包括：1）1785 年，把税收管理重组为两个办公室，即海关和税收事务专员（Commissioners for the Affairs of Taxes），前者负责关税，后者管理土地税、财产税和 1799 年后的所得税。2）改革了对来自国王土地和邮局的税收管理。3）改造了接收税款的体制，创立了一个中央资金，所有的税收都储备到里面。4）取消了一些闲职，并且减少公职人员。在 1783 年 12 月到 1793 年 2 月期间，据统计，共减少了 441 个征税职位。5）在 1798 年，小皮特要求使用经过谨慎选拔和合格的税务官，这些人一般来自地方绅士。6）引进了组织良好的审计制度，以及检查和双重检查制度，每个事务官都直接对其下级的征税负责。记录被详细地保存下来，各级税务官和委员账目都由一个周密而常规的审计体制控制。

所得税的管理成本非常高，行政机构腐败和滥用权力的机会非常大。所得税需要一个收入可以被容易统计和控制的经济体制。[1] 如果没有一个很少贪污受贿的、秩序井然的官僚机构，所得税就很难实现。此外，衡量和控制应税财产的成本、管理和纳税的成本，以及控制税务官的成本可能超过征税的所得，使所得税得不偿失。但经过小皮特的行政改革，英国政府能够有效发现和制裁避税者，首先是在消费税的征收中，然后又适用于财产税。这个相对精密的机制现在用来接管所得税。所得税的管理主要包括两个方面，一是针对事务官的腐败，二是针对公民的避税。在这个时期，英国所得税行政堪称高效的典范。行政的日益理性化、合理化，使征收所得税在行政上可行、在政治上可接受，大大减少了征税

[1] 类似于黄仁宇先生所讲的，在数目字上管理。

的交易成本。

个人所得税的出现增强了英国的财政能力，帮助英国在对法战争中取得胜利。然而，小皮特是亚当·斯密的忠实信徒，他所推行的所得税与今天福利国家为了调节收入而推行的所得税还有所不同，他信奉有限国家，但他的努力客观上在增加税收、使国家强大的同时，也实现了权力的制衡。小皮特的目标不是建立一个更大的国家（相对于“社会”而言，而不是相对于外国而言），也不是原则上可以榨取的一切税收。是战争迫使小皮特成为一个税收最大化主义者。他尝试所得税，因为这是最有效地产生税收的办法。然而，他是很不情愿地采取这个政策的。

战争一结束，认为所得税侵犯隐私和个人权利的言论就占据了上风，所得税因而结束了。直到 1842 年，行政部门才又一次让议会和民众信服所得税的必要性。“所得税在 20 世纪又成为英国税收结构中的核心。”[1]在 100 年之内，它被世界上大多数国家所采纳。

[1] M. M. Knappen, *Constitutional and Legal History of England*, Archon Books, 1964, p. 432.

政府信用与公债的诞生

公债产生于国家对资金的需求，以国家信用做担保，以国家税收来偿还。对于公债的运作，政府信用是关键，即人们所感觉的政府兑现债务契约的可能性。

中国历史上君主向臣民借款的事例不多，君主更愿意通过征收税赋、接受捐纳等手段筹集资金。一旦遭遇危机，如战争，就需要增加税负，这对经济发展和国家稳定的负面影响甚大。公债虽然也需要税收来偿还，但是偿还公债延迟了征收税负，直接的负面影响不大。

甲午战争爆发后，清政府共举借了三笔内债，分别是 1894 年的息借商款、1898 年的昭信股票和 1911 年的爱国公债。这三次借款的背景都与战争有关：前两笔分别用于甲午战争的经费与赔款，最后一笔用于内战（镇压辛亥革命）。此三次内债的发行效果都很不理想。

1894 年甲午战争期间，为了弥补军费开支，中央政府决定向民间借款，发行“息借商款”公债，条件十分优厚，月息高达 7 厘，借款在 1 万两以上者，均可被授予虚衔封典。但只募集到 1102 万两，效果很不理想。究其原因，除了仓促上马、规则设计十分粗糙外，最为致命的是官僚机器将此“借款”演变为“勒索”。结果是公债推出半年后，被紧急叫停，但“公债”二字已经被搞臭。

1898年，为应对《马关条约》的巨额赔款给国家财政带来的巨大压力，清政府发行了公债。这次清政府认识到信用对公债融资能力的重要性，简单地认为“股票胜于银票，故举国信之，趋之若骛”，因此命名此公债为“股票”，且冠之以“昭信”二字以示“皇上昭示大信……自非寻常股票可比”。发行“昭信股票”，最初也将摊派作为主渠道，但是户部担心，摊派“迹近抑勒，窒碍难行”，修改后的方案以奖励为主。这场公债还未对外正式发行，就已经在官场内变身为一场捐款潮。将“认购”变为“认捐”的带头者，是恭亲王奕訢。在恭亲王的带动下，各级官员纷纷表态，愿意为国家财政捐款，放弃领取“股票”凭证。在官员们纷纷解囊捐款后，留给广大商民们“自愿”认购的空间已经很小了。

1911年，当革命之火开始蔓延时，大清政府再度发行了一轮公债，名为“爱国公债”。但是，人心已散，覆水难收，公债还没发行多少，大清国就轰然而倒，“爱国”公债成了“哀国”公债。

清末公债的失败实质上反映了政府信用的缺失。为了彰显信用，政府也设计了一定的公债管理方法，如各种借款章程、设置乾泰公司和昭信局、定准平色、防止作弊等，但这些制度属于公债行政，只能解决发行过程中的一些枝节性技术问题。由于未建立起统一的全国财政，公债募集的资金为各地督抚所截留，重挫了债权人对中央政府偿还能力的信心。爱国公债由立法性质的资政院批准发行，由大清银行代为经理。但当时的资政院也是仅得议会之名而无议会之实，不具有财政权力，而大清银行也不具有独立性。

那么，如何让政府讲信用呢？制度设计的要害在于制约国家权力，议会的财政权力和中央银行的独立性这两个因素在公债制度的发展过程中起到了重要作用。反观欧洲国家公债制度的演进过程，能给我们些许启示。

对于财政来源匮乏的欧洲中世纪诸侯和君主而言，高利率的、来自银行家的短期借款经常是权宜之计。短期借款主要的缺点在于成本高。违约溢价通常被用来测量政府的信用，当资本所有者担心政府可能不履行其义务时，他们倾向于要求更高的利率作为违约溢价的一部分。当时出现了许多诸侯赖债的例子，结果是，银行家只愿意以极其高的利率进行借贷，有时接近于年利率的 50%。信用不良导致利率高，利率高又增加了借款不还的可能性，于是恶性循环。16 世纪，西属尼德兰（the Spanish Netherlands）的荷兰省政府第一个建立了现代意义上的由立法机构控制政府借款的制度。

哈布斯堡皇帝查尔斯五世从 16 世纪 20 年代到 50 年代与法国发生了漫长的冲突，这必然需要大量的军费开支。起初，当发现税收不足以覆盖支出时，哈布斯堡王国便从安特卫普货币市场借款，年利率从 6.25% 到 15% 不等。然而，由于作为债务人的王国日益显示出其不可信任，它很快就被货币市场拒之门外。1522 年，查尔斯五世在尼德兰的摄政者试图寻求替代的财政措施，他说服几个省的代表会议卖给政府债券，由未来的专项税收保证。一个重要的演变发生了，债务偿还不再是由王国保证，而是由省代表会议保证。由于有荷兰代表会议的存在，确立的贷款利率非常低（6.25%）。这个改革使得荷兰代表会议可以史无前例的低利率进行长期借款，除尼德兰起义反抗哈布斯堡时期（始于 1572 年）通行的极高利率之外，荷兰代表会议支付的利率有长期下降趋势。荷兰的经验表明，代表会议作为借款人可以比强大的君主政体拥有更好的信用。

英国是第一个建立了现代公共财政体制的国家，在许多方面，英国直接受到了荷兰的制度改革的影响。在 1688 年光荣革命以前，英国君主总是存在不偿还贷款的可能性，由于缺少强制君主履行偿还义务的手段，“自愿贷款”常常演变为巧取豪夺。结果是，王廷通常只能以较高的利率获得贷款，英国没有有效的长期公共借款体制。由于缺乏长期借款的途径，而且面临着不愿同意征收新税的议会，詹姆斯一世选择了权宜之计，为了筹集资金开始卖官鬻爵。这包括出售骑士、男爵和其他贵族头衔。在查理一世统治时期（1625–1649 年），国王的财政压力急剧增加，这很大程度上是由于与西班牙和法国的两次失败的军事冲突。为了解决这个问题，新国王继续通过卖官制度筹集收入，同时向银行家进行短期贷款。当这些资金还不够时，财政危机最终迫使查理一世召开关闭已久的议会。国王与议会之间的冲突最终蜕变为内战，这场内战随着 1649 年议会的军队对查理执行死刑而达到顶点。复辟的斯图亚特王朝并没有吸取教训，1671 年发生了最著名的债务不履行事件，国王竟然对借款实行止付政策。

1688 年的光荣革命是国王与议会之间长期冲突的结果，其中王廷对财政资源需求的增长是一个关键因素。光荣革命后，国王借款的景象发生了很大变化。议会在公共财政领域获得了实质性的权力，与之同时，王廷却能够以较低的利率获得大额的借款。英格兰第一个长期政府贷款始于 1693 年。当时，以 10% 的年利率总共借了 100 万英镑，由一系列新的消费税偿还。议会于 1694 年通过“彩票式贷款”又筹集了 100 万英镑，购买这一贷款的人会获得其投资本金的利息，还会获得抽奖的权利，偿还由议会保证。此后英国的公债利率持续下降，17 世纪 90 年代，英国公债的利率为 7%–14%，1707 年到 1714 年为 6%–7%，18 世纪 30 年代为 5%，1750 年下降到 3%。可见，立宪君主制的建立与国家借贷的改善之间具有因果关联，代议政府的建立增加了政府的信用，使政府可以较低的利率借贷。此外，对偿还公债的承诺还刺激了英国私人金融市场的成长，私人借贷利率追随公债利率的脚步也呈下降趋势。

不可忽视的是，1694 年英格兰银行的成立也使英国公众对公债的信心大为增加，具体表现为公债的利率显著降低且多属于长期公债，这成为英国崛起的重要助力。把公债的管理授权给独立的机构，如中央银行，能够增加债务偿还的信用。央行对议会而不是对政府负责，是保证公债之可信性的重要因素。随着英格兰银行的建立，由于政府税收一般通过银行收取，人们认为，任何债务不履行的决定都会很快地导致银行停止向政府支付款项。此外，作为这一时期政府最大的贷方，如果对政府偿还债务存有怀疑，银行会组织债权人联合拒绝继续向政府贷款。

在 18 世纪，英国和法国政府都试图通过建立国家银行来改善借贷途径，但只有在英国，政府的债权人才实际上享受到在代议机构之中的重要权力，英格兰银行在政府财政中的地位得到保证。而不受限制的王权则使法国的国家银行计划破产。当时统治法国的摄政者迫使银行过度发行纸币，随后又迟迟不推行通货紧缩政策进行调节。增加纸币的发行使得国家能够减少其债务，并且把钱分配给政治上的亲信。摄政者还可以单方决定撤销国家银行，以及其他的金融投资。法国国家银行的设计者约翰·劳为了银行计划得到实施，不断地取悦于摄政者奥尔良公爵。法国国家银行的建立注定是一场徒劳的努力。在 1720 年法国国家银行失败之后，英格兰银行一直成功运作。当时的许多观察者们得出结论，在君主专制政体中，国家银行不切实可行，因为君主总是保留着过量供给纸币或者采取削弱国家银行行动的权力。这也意味着，专制政体的借款人面临着特殊的风险。

到 18 世纪 80 年代，法国国债数额几乎达到了英国的水平，近 2.15 亿英镑，但它每年要支付的利息差不多是英国的两倍，即 1400 万英镑。由于公共财政体系的不完善，法国征收新税的努力遭到公众抵制，从而导致国家无法偿付借款，于是政府愈加增发货币，引致更严重的通货膨胀。这种财政货币政策上的恶性循环一定程度上引发了法国大革命。

现代经济已日益依赖于金融体系的运作，公债与财政政策、货币政策密切相连，公债的良好运作机制尤显重要。正如诺贝尔经济学奖得主道格拉斯·诺斯注意到的，好的政治制度催生了健全的公债市场，而一个健全的公债市场又促进了资本市场的繁荣，便利了工商业融资，此乃国家富强的重要之道。

弗吉尼亚公司与美国建国

相比于东印度公司和五月花号，弗吉尼亚公司的名气并不大，但是弗吉尼亚公司的活动在某种程度上奠定了美国建国的基础。

法律人唱主角

英国的律师会馆作为一个职业教育机构，不仅为英国的法律界，而且为英国的社会发展培养了大批人才。尤其是中殿会馆，受到沃尔特·雷利的影响，成为英国海外探险活动的重镇。

弗吉尼亚殖民地的建立者沃尔特·雷利是中殿会馆成员，于 1575 年加入会馆。雷利的母亲来自吉尔伯特家族，这是德文郡一个著名的海员家族。该家族的艾德里安·吉尔伯特于 1562 年加入中殿会馆。1576 年，艾德里安的弟弟汉弗莱出版了一本小册子，倡议寻找去中国的新通道，并于 1578 年 6 月获得伊丽莎白一世授予的探险特许状。4 个月后，由 11 艘船组成的舰队向西驶去，雷利是其中一艘船的船长。这次航行以失败而告终，但是雷利对探索的兴趣反而被激发。1587 年，雷利终于在美国东海岸附近的一个岛上建立了定居点，为了赞美伊丽莎白一世终身未嫁，他以童贞女王（Virgin Queen）命名这个地方为弗吉尼亚。但是由于补给不足，他们未能在美洲坚持下去。随着伊丽莎白一世去世，詹姆斯一世于 1603 年继位，雷利失宠了，他被控密谋让阿拉贝拉·斯图亚特取代詹姆斯，因此被判叛国罪和死刑。不过没有立刻执行，而是被投入伦敦塔监狱。13 年后，雷利获释，他准备远征考察圭亚那著名的黄金之城埃尔多拉多，但是他又失败了，1618 年他回国后被执行死刑。

中殿会馆会员、最高法院首席法官约翰·波帕姆在雷利入狱期间，接管了他的美国定居点项目。这是司法没收的早期事例。在波帕姆的主导下，弗吉尼亚公司成立。

波帕姆在 1531 年前后出生于英国西部农村。1551 年，他成为中殿会馆的学生。波帕姆的女儿伊丽莎白嫁给了理查德·钱珀努恩，通过这层关系，伊丽莎白与艾德里安·吉尔伯特、汉弗莱·吉尔伯特和沃尔特·雷利认识。1579 年，波帕姆被任命为副总检察长。1581 年，他成为中殿会馆的财务主管，同年成为平民院议长。1592 年，他被任命为王座法庭的首席法官。波帕姆反对私人企业，而支持公共企业。他利用自己的地位，对白厅的政策制定施加了重大影响。

1606 年 4 月 10 日，詹姆斯一世授予弗吉尼亚第一章程，指定合并两个独立的公司组成弗吉尼亚公司，沿着美洲海岸组建种植园和定居点。第一个公司的指定成员包括托马斯·盖茨爵士、乔治·萨默斯爵士、理查德·哈克路特和爱德华·玛利亚·温菲尔德。托马斯·盖茨的出身是西部农民，由于战功而被授爵；萨默斯是沃尔特·雷利的同代人，同样来自西部农村，曾在皇家海军服役，他随后成为弗吉尼亚公司的舰队司令；理查德·哈克路特的叔叔也是中殿会馆会员，他一直关注为英格兰定居美洲的权利提供合法理由；温菲尔德来自中部地区，他的叔叔雅克在理查德·哈克路特担任教区牧师的地方附近有地产。第二个公司的指定成员包括托马斯·汉南、雷利·吉尔伯特、威廉·帕克和乔治·波帕姆。托马斯·汉南是波帕姆的女婿；雷利·吉尔伯特是沃尔特·雷利的外甥；威廉·帕克是武装民船的船员；乔治·波帕姆是约翰·波帕姆的侄子。这里许多人本身是法律人或者与法律人有关。

弗吉尼亚公司章程的起草被认为与约翰·波帕姆有关。当时，波帕姆是副总检察长，他有能力并且有机会参与相关章程的制定。而且在章程指定的成员中，多人与波帕姆有亲戚关系。

1618 年 11 月 18 日，埃德温·桑迪斯为弗吉尼亚公司起草了第一份宪章，即著名的《弗吉尼亚大宪章》。桑迪斯于 1590 年进入中殿会馆。1593 年，他成为国会议员。虽然被詹姆斯一世封为准男爵，但桑迪斯并没有致谢，反而反对国王合并英格兰与苏格兰的提议。他质疑议会是否有权实施合并；合并是否违反了现行法律；英格兰的声誉是否会受损。这体现了桑迪斯作为一个法律人敢于对抗强权的精神。这种对于权力的警惕之心体现在他后来为弗吉尼亚公司制定的宪章中。桑迪斯支持自由贸易，反对垄断。1604 年，他作为平民院两个委员会的主席，起草了自由贸易法案。平民院以正当程序通过了该法案，但是最终被贵族院否决。

仅仅几段简述，就可发现多个法律人的身影。印象中，似乎去海外探险的英国人都是在本国过得不大如意的人。实情并非如此，许多出身英国律师会馆的精英无疑是建立北美殖民地的主角，他们放弃安定的生活和社会地位，带着创业精神来到新大陆。后来有 5 名中殿会馆成员签署了《独立宣言》，7 名中殿会馆成员签署了美国宪法。美国政坛始终活跃着法律人，他们影响了美国国家的发展走向。

契约精神

16 世纪末，律师会馆成为富有野心的年轻人的聚集地，然而其中许多人并没有从事法律职业的意愿。这有点像今天的 MBA 教育，大家主要是为了形成交际圈子而参与学习。但是法律职业训练却使这些人形成了法律思维和法治意识，以法律人为主导的英国海外探险活动与西班牙等国的海外殖民模式形成了鲜明的对比。西班牙的海外探险以军事征服为主，国王对殖民地有直接控制权，采取独裁专制的治理模式。而英国由于法律人的参与，则形成了自治传统。

法律人做事总喜欢探究合法性。对于海外殖民地，如何运作？英国的探险者们选择了公司的形式。起初是向个体商人的联合授予特许状。1505 年，亨利七世向伦敦的商业冒险家授予特许状，组建由 1 名主管和 24 名助理管理的公司。1555 年，授予莫斯科公司（Muscovy Company）特许状，赋予其与俄国进行贸易的垄断权。这被认为是第一家股份公司，其成员向公司不同程度地投入资金，并按比例获取收益。1600 年，著名的东印度公司成立。1606 年，弗吉尼亚公司成立。

公司是一个契约的集合。首先是国王与公司之间的授权关系。由国王向公司颁发特许状，也就是营业执照，公司负责管理殖民地，国王并不直接控制殖民地，殖民地的所有权和利润归公司的股东，只需向国王上缴一定的收益。为什么探险者一定要获得国王的许可呢？为什么探险者不在“山高国王远”的地方自立山头呢？这是由于：第一，政府的批准是最好的广告，可以吸引更多的人参与探险或者进行投资；第二，国王的授权可以令探险者抵制试图在他们主张权利的区域定居的其他人；第三，特许状指出探险者是作为国王的封臣而拥有海外土地，因而国王具有保护封臣的义务，海外定居者和出生在殖民地的人与出生在英格兰的人享有同样的权利和特权。

其次是公司与股东之间的股权关系。海外探险是一项成本极高的活动，而国王除了名义上的支持外资金支持很少，这就需要筹措民间资金，股份公司是一种很好的形式。股东基于自愿组织公司，任何人都可以因投资而成为股东。当封建等级制度仍在英国本土横行之时，美洲殖民地就呈现出了社会均质化的景象。

最后是公司与员工之间的雇佣关系。员工为公司工作，并按期领取工资，也一定程度上参与公司的管理。

弗吉尼亚公司特许状中还使用了“绝对土地所有权”一词，这意味着将用绝对的土地所有权取代封建土地所有制，可以激励人们开发更多的区域，奠定了美国后来发展的基础。

公司是契约的集合，而美国就是建立在社会契约的基础上。

公司治理与宪制模式

新英格兰对于美国建国的影响更为直接，但是弗吉尼亚公司的早期探索不可忽视。弗吉尼亚公司的影响不大或许与其处于南方有关，美国的历史是以北方为主书写的。然而不可否认的是，美国建国时对宪制的设计与弗吉尼亚公司等英国海外探险公司的模式有着异曲同工之处。

公司章程使用“charter”一词，该词既有特许状的含义，又有宪章的含义，体现了公司与政府的同构性。1606 年弗吉尼亚公司成立之时，章程规定，在英格兰设立总理事会，在每个殖民地也设立独立的理事会。在英国的理事会又称弗吉尼亚理事会，其成员由王廷任命，拥有高级管理决策权，主要处理与政府有关的事务。地方理事会根据法律监管和组织殖民地内部的所有事务，并负责制定和签署殖民地的法令，法令加盖玉玺后生效。这里创设了独立于国家的自治组织，另外，公司并非某个人的私产，而是由一个群体进行管理，这也体现了公司一词的本义，即为“公”，与个人财产有所区别。

由于英国的理事会难以保证有足够的理事出席会议，并且难以控制远方的殖民地。这使得国王于1609年5月23日发布新的章程，废除了之前的章程。新章程规定，伦敦理事会的权限为决定新成员资格，任命殖民地总督。新章程还列出了冗长的成员名单，表明任何人只要愿意，都可以投资企业。

1612年，国王又授予了一份新章程。选举官员和接收新成员的权力从理事会转移给了公司会员大会。会员大会还被赋予为公司制定法律的权力，这等于在公司内部创设了一种民主机制。

尽管有了章程，但殖民地初期运作混乱。面对殖民地的困境，桑迪斯于1618年起草了《弗吉尼亚大宪章》，试图对殖民地进行全面改革。现有的种植园将被组织成四个城市或自治镇，分别命名为詹姆斯敦、查尔斯、恩里科和基考坦。私人土地所有权得到允许和鼓励。任何自己支付旅费的人，都将得到50英亩土地，他带来的每名定居者也可以获得50英亩土地。最为重要的是，授权总督在殖民地建立理事会，并召集会员大会。美洲的民主自此诞生了。

1619年，桑迪斯成为弗吉尼亚公司司库。1619年6月25日，总督亚德利签发令状，自由民和佃户可以在自己的地区选举2名合格的人参加会员大会理事会。7月30日，6名理事会委员和22名市镇议员在詹姆斯敦集会。新的大会根据英格兰平民院的模式自此建立起来。

人们怀着美好的憧憬来到美洲，但是弗吉尼亚的地理条件并不好，未能如愿地发现价值连城的金银，其农作物种类单一、经济价值不大，运营方面举步维艰。随后王廷直接接管了弗吉尼亚公司，但是詹姆斯一世和继任的查理一世都没有取消会员大会，而是把它作为与殖民者进行交流的手段。会员大会依然拥有产生地方管理者的权力。到1641年，会员大会不再仅仅是伦敦理事会的附属物，而是成为美洲地方政府的有效形式，并逐渐发展成第一个州议会。

弗吉尼亚公司有一名总督，也就是CEO，类似于政府中掌握行政权的总统；有理事会，这发展成为后来公司中的董事会，类似于国家中的参议院；有会员大会，这发展成为后来公司中的股东会，类似于国家中的众议院。这就是美国制宪的早期模板！这种公司制模式在美国后来的治理中随处可见。美国的一些地方市镇，本身就是一个公司，今天依然通过公司制的形式进行管理和运作。

不可否认，美洲早期开发的历史存在野蛮、混乱的一面，但是由于一些法律人的作用以及对于自治的推崇，美洲早期史呈现出了理性、民主的图景。法律人唱主角的弗吉尼亚公司深刻影响了美国的建国立宪，无疑是美国精神的源头活水。

美国走出孤立主义

自17世纪以来，封锁敌国、实施禁运被视为合法的交战行为。中立国原则与之相伴而生。到18世纪，国际上普遍认为，交战国应尊重选择居身于冲突之外的国家的中立立场，海事法只允许捕获支持交战国战备的中立方船只。在19世纪的历次战争中，美国和瑞士都采取和维持了对所有交战国公正不偏的态度，并且每当附近爆发战争时，它们总能采取有效的军事措施，以防止交战国使用它们的中立领土和资源，这种永久中立地位在19世纪受到了交战国的尊重。克里米亚战争之后，欧洲七国（英国、法国、俄国、奥地利、普鲁士、土耳其和撒丁）于1856年4月16日，发布了关于海战权利的《巴黎海战宣言》（以下简称《巴黎宣言》），宣言承认了从前战争过程中使用的习惯规则，包括“自由船、自由货”规则，敌船上中立国货物不得没收规则，中立船旗保护敌货规则等。

随着第一次世界大战的爆发，中立制度受到侵蚀。战争首先影响到自愿中立制度，因为战争行动已涉及34个国家，其中就包括具有中立传统的美国。在这种大规模的世界大战中，很少有国家能够独善其身，永久中立制度对保护当时的中立国（如比利时和卢森堡）显得无能为力。在两次世界大战中，由于许多国家都参加了战争，疲于战争的交战国人民普遍认为，中立国是规避其对人类所应负的责任，因而两次世界大战期间流行的观点是“中立终结论”。第二次世界大战之后，新的国际秩序建立，战争正义性的判断标准和判断程序已趋完善，“中立”没有了存在的空间。在经济全球化的今天，很少有国家能够真正置身事外。

英国封锁德国

第一次世界大战期间，英国封锁德国并发动经济战，对战争的走势起到了决定性作用。1914 年 8 月 15 日，拥有世界上最强大海军的英国政府突然宣布封锁德国。当英国宣布封锁之时，列出了运往同盟国德国和奥匈帝国的禁运品清单，该清单包含食品。英国的禁运品范围引起了争议。

1856 年的《巴黎宣言》对封锁行为进行了限制，允许“用停泊在附近的海面的船只严密控制敌方的港口，并保证中立国家的船只有权利把货物运给所有的交战国。但规定为禁运品的特定种类的武器除外”。不过这个规定较为笼统。

1908 年 12 月到 1909 年 2 月，伦敦海军会议召开，英国与各国签署了《伦敦宣言》。该宣言共有 70 条，包含战时封锁、敌性、护航、搜查之抵抗、赔偿、最后条款等。宣言内容广泛涉及交战国和中立国的关系问题，其中最重要的是战时违禁品问题。《伦敦宣言》进一步界定了国际法中的战时违禁品，把违禁品分为绝对违禁品和有条件违禁品。前者指专供战争使用的物品，后者指战时和平时均可以使用的物品。《伦敦宣言》第二章确定了一些不得列为违禁品的项目，也就是所谓的自由品，其中包括原棉、羊毛、丝、黄麻、油籽、橡胶、矿石等，以及各种化学制品。

当战争来临，英国显然无法接受《伦敦宣言》所列的自由品清单，因为其中很多物资都是同盟国紧缺的战略物资，《伦敦宣言》实际上严重削弱了英国对德国的封锁力度。实践中，还存在一些规避国际法的情形，比如对可用于德国战备的货物进行分拆发货，到德国后就可以组装成武器。英国在实践中则一直遵循《海事法集》，该制度对中立权利相当苛刻，规定船旗不保护货物，即可以没收中立国船上的敌货。

封锁的范围同样存在争议。防止中立国运载违禁品给敌国，是交战国对敌海上作战的一种方法。封锁使交战国对中立国船舶具有某种管辖权，这就产生了一个问题，即在何种情形下封锁才是正当的。《伦敦宣言》第1条规定，“封锁不得超出属于敌国或为敌国所占领的港口或海岸的范围”。但是英国坚持依照连续航程原则，即如果违禁品的最终目的地是敌国领土，该货物所在中立船只一出发就可被拿捕。

英美交涉

英国的封锁战略对美国的利益影响最大。矿石和棉花是美国的重要出口货物，对美国的商业利益及摆脱经济困境非常重要。而美国商人往往采取发货（包括生产重型火炮必需的橡胶和铜）给欧洲中立国（如荷兰和斯堪的纳维亚半岛的国家）的做法，再从这些地方发货给同盟国，以此规避封锁。可以说，《伦敦宣言》的主要受益国是美国，美国希望交战国接受宣言。

此时，英国发现自己需要在继续封锁战略与维持美国友谊之间作出孰轻孰重的选择。但允许敌人获得用于抵抗的原材料，对英国来说等于变相支持敌国。然而英国海军部并没有直接表示拒绝《伦敦宣言》。表示拒绝的是设在伦敦和巴黎的，由海军军官和国际法学家组成的两个委员会。法国曾有人提议，可以根据之前的经验，作出修改和保留后再批准《伦敦宣言》。两个委员会接受了这个提议，想通过此种方式来抵制美国的建议。由于食品和其他供给品正源源不断地输入中立的鹿特丹港口，然后直接运到德国在比利时的军队，如果协约国同意接受《伦敦宣言》的约束，他们将发现很难停止供应德国物资的航运活动。正是担心这一点，两个委员会原则上不同意美国的提议。

英国政府决定采取这两个委员会的观点。1914 年 8 月 20 日，英国发布枢密院令，补充和修订《伦敦宣言》，并予以接受。枢密院令指出，“在作一定修改及与海军行动……的有效行为……无碍的条件下”接受宣言；“敌性目的地可以从一切足够的证据中推定。”这一说辞足以阻止美国通过中立国与同盟国进行贸易。事实上，在指令正式签发之前，英国已经开始干预美国运往荷兰的谷物。此后英国外交部在一份备忘录中详细解释了对《伦敦宣言》的补充和修订。8 月 31 日，英国外交部把 8 月 20 日的枢密院令通知美国大使佩奇。俄、法政府采取了一致行动。

由于血缘背景和民主倾向，从情感上而言，美国总统威尔逊偏向英国。但是就国家利益而言，美国对于欧洲事务已经确立了中立政策。许多移民到美国的人是为了逃避欧洲生活的种种限制。美国国父乔治·华盛顿在他即将离任总统时发表的告别词中，曾告诫美国人民，不要卷入欧洲的政治和军事事务。此外，在美国公民中还有一些德国人，尽管是少数，但数量可观，不容忽视。美国的重要利益在于确保他们与欧洲交战国的贸易不受影响。因此，威尔逊的政策以保持中立、保护美国商业为基本原则。

美国船舶的遭遇以及英国对《伦敦宣言》的态度，使威尔逊极为不满。9 月 26 日，美国国务院准备了抗议草案。然而威尔逊的智囊豪斯上校使该抗议胎死腹中。当抗议草案送达白宫时，豪斯刚好正与总统一起进餐。副国务卿兰辛随抗议草案递交的请示表明，如果有可能，请总统及时批复以便放入次日下午 2 点的外交邮袋中，否则将推迟四天到五天以后发出。而威尔逊邀请豪斯代阅，豪斯力劝总统不要同意发出这份草案，并指出草案中的可修改之处，建议换之以一份电报以便进行友好的讨论。豪斯告退后，威尔逊指示兰辛搁置抗议草案，改为起草一份电报。兰辛回到办公室，按照总统的吩咐开始起草电报。总统在做了改动后同意将电报发给驻英大使佩奇。威尔逊的改动去掉了所有的威胁字句，重申美国希望友好解决的想法。但是，威尔逊没有改动此前的提议，即英国应不附任何条件地接受《伦敦宣言》。即便电报中抗议的语气已经很委婉，但在 10 月 1 日，美国政府依然指示佩奇不必出示给英国政府。虽然美国反对英国的做法，然而，从一开始，美国就显露出无意因坚持己见而疏远英国。当佩奇与英国外交大臣格雷达成削减自由品清单的方案时，威尔逊甚至不愿为自由品清单而争执，他反而希望在国内政治煽动者开始叫嚷“自由船、自由货”之前结束美英之间的谈判。

在英国方面，9 月初马恩河战役后，由于持久消耗战的可能性越来越大，英国很明显将依赖美国的供应，因此美国的友谊具有了军事价值。英国的外交目标转变为保证实施最大限度地封锁且不致与美国断交。因此格雷尽自己最大努力寻求满意的折中方案。他同意修改美国拒绝的枢密院令。在与佩奇的多次会见中，格雷尽力解释不能全盘接受宣言的原因。不仅是因为这将削弱英国开展经济战的能力，而且接受宣言可能导致政府的垮台。他解释道，即使在和平时期宣言也没有得到国内多数人的支持，在战时条件下接受肯定会在托利党内部引起混乱，在托利党外部失去信任。照美国的建议行事甚至可能拆散协约国集团，因为法俄总感觉英国没有尽全力作战。

在随后英美双方就全盘接受《伦敦宣言》举行的谈判中，英国不愿作出让步。美国认为英国不能宣布承认一个国家为中立国，却又把它当敌国对待。如果一个中立国与其毗邻的交战国的贸易构成了非中立行为，那么对策应是最后通牒，而非限制贸易。

10 月 16 日，美国对英国提出了正式的官方抗议。但同时威尔逊提出了一项令人震惊的私人建议。建议指出，英国公开宣布遵守《伦敦宣言》，然后颁布附加法令规避《伦敦宣言》。根据这项建议，英国尽可大功告成且不致引起摩擦和非难。威尔逊的天平倒向了英国一方，或许此时威尔逊已经有了参战的想法，只是时机尚未成熟。

随着美国抗议的语气越来越缓和，英国可以预见美国将彻底让步。10 月 22 日，美国不再建议各国接受《伦敦宣言》，只是坚持主张英国应遵循传统国际法，保留美国在受到英国政府侵犯时提出抗议的权利。一周以后，英国正式出台新的枢密院令，英国甚至没有去除有关中立国领土敌性特征的条款。12 月 23 日，英国进一步修订了 10 月 29 日枢密院令中的违禁品清单。

英国开始援引 10 月 29 日的枢密院令，在公海扣押美国货物及船只。这引起美国商界特别是肉类加工业主和铜矿业主的不满。但美国的抗议未使英国稍作收敛。抗议无效而拿捕不断，美国货主被迫投降，将被扣押的铜出售给英国。尽管英国已经打算减少英美摩擦，但美国一开始的立场相当强硬，尤其是应纽约商会的请求，财政部禁止在发货之后 30 天内公布货物清单，此举影响到了英国情报的准确性，英国需要美国废止这一政策。然而不等英国出面，美国国内舆论界及国会的抱怨就支持了英国，因为这类保密措施反而有害于美国贸易，它使得每一批货物都有嫌疑。于是 1915 年 1 月初，英美两国达成协定并付诸实施，美国向船东提供检查服务以监督装货及核对清单。这样在战争爆发 6 个月后，在对德国采取经济压力的政策方面，英国已经确保美国采取自愿合作。

到 1915 年 2 月初，连续航程原则不仅为美国法庭所接受，而且由美国法庭所发展。在战争初期，在美国与协约国的商业利益链条铸成之前，美国在对外贸易中已经倾向于协约国。而协约国对战争物资、食品及其他物品的订单正在使美国摆脱经济萧条的困境。

德国的潜艇战

英国的封锁取得成功。一年后，美国与德国之间的贸易额下降到战争爆发前的 1/10。同一时期，美国与英国的贸易额增加了 5500 万英镑。禁运食品导致德国的食物供应严重短缺，德国抱怨英国试图饿死他们，以迫使他们屈服。

作为回应，1915 年 1 月，德国皇帝接受建议，用潜水艇封锁了英国。2 月 4 日，德国宣布自 2 月 18 日起，不列颠群岛的所有水域为交战地带；出现在这一水域的敌方商船将被击毁，警告中立国国民离开此类船只，不要再在此类船只上装运货物；并警告称，由于英国船只经常悬挂中立国国旗，中立国船只不要进入这一战区，因为针对敌国船只的鱼雷不可避免地会使中立国船只成为牺牲品。德国以此报复英国的扼杀行动。

当时美国依然秉持中立立场，并没有明显偏向协约国。因而威尔逊没有直接抗议德国，而是指示美国驻柏林的大使告知德国政府，美国不认为潜水艇封锁是合法的战争形式，德国舰队只可以对商业船只实施禁运，而不应进行武力打击。但就美国人的人身财产安全而言，美国采取了类似于最后通牒的态度，警告德国政府：对美国人的人身或财产造成的任何伤害，德国都要负严重的责任。在此问题上，显然美国区别对待了英国和德国。因为英国的行动只会造成财产损失，财产损失可以弥补；而德国的行为则会造成致命的人身伤害，人身伤害不可弥补。然而，德国认为这是美国继续帮助协约国的遁词。

对威尔逊和大多数美国人而言，德美问题和英美冲突是不可同日而语的。美国的对德照会，可被视为对任何一艘船只上美国公民的保护，而这种保护是以中立国身份难以提供的。美国此时已经向前迈出了一步，使自己成为坚持临检原则的中立国领袖，而非仅限于警告德国。

不过美国依然采取调停的立场。美国认为，如果德国的潜艇战是因英国的经济压力而致，那么安排食品供给可以解决潜艇封锁问题。1915年年初，美国国务卿布赖恩做了外交上的尝试，要求德国放弃使用不宣而战的潜水艇攻击，作为交换条件，英国允许食品运往德国。德国方面声称，德国一开始就接受美国的提议，遵循《伦敦宣言》，英国切断中立国与德国的各种贸易的做法与国际法相悖，如果美国能劝使英国修改其政策，德国愿意撤销自己的封锁命令。

尽管希望渺茫，美国依然为德英双方起草了协议，但该建议却遭到交战双方的拒绝。德国需要原料且层层加码；英国列举德国的暴行来否定美国的建议。英国外交大臣爱德华·格雷爵士强硬表态，如果德国希望他们的贸易在战时可以自由通行于海上，同时德国又对其他国家发动战争，这是不公平的。

3月11日，英国发布枢密院令。其核心内容是：由于德国恐吓驶往英国的中立国商船，英国就恐吓所有与德国进行的中立国贸易；德国剥夺了中立权利，英国以剥夺中立国残存的权利相报复。由此，大大压缩了中立国存在的空间。3月15日，英国正式对美国的协调建议作出答复。英国声称，从德国的答复中可以看出德国并不会放弃使用潜艇攻击商船，且明显表明德国不会放弃在公海上以进攻为目的敷设水雷。在历数德国的战争暴行后，英国政府称协约国与德国的政策虽目标一样，但区别在于，协约国在达到目标时，不会牺牲中立国的航运业和非战斗人员的生命，不会使船、货在未经提请注意、检查、审判等程序的情况下遭遇摧毁。

卢西塔尼亚号惨案

1915年3月28日，德国潜水艇击沉了一艘由利物浦驶往塞拉利昂的商船法拉巴号，一名美国公民失踪。《纽约时报》指责这是反文明的犯罪，但是这件事在德美关系中并没有掀起太大波澜。德国潜艇依旧奉命袭击敌国商船，但敌国商船上也许有中立国国民，且可能误袭中立国商船。随后，德国又攻击了两艘美国商船。这些小事件的风波未平，德国潜艇就在大西洋上制造了骇人听闻的卢西塔尼亚号惨案。

1915年5月1日，属于冠达邮轮公司的英国邮轮卢西塔尼亚号从纽约启航驶往利物浦。5月7日，在距离爱尔兰海岸11英里左右的地方，该邮轮被德国鱼雷击沉，1198名乘客死亡，其中包括128名美国公民。德美关系由于“卢西塔尼亚号”事件而受到强烈震动。卢西塔尼亚号惨案堪比第二次世界大战中的日本偷袭珍珠港，通常被视为导致美国参战的关键事件。

德国官方对此事件的回应是，英国正在武装商船，准备攻击潜水艇。实际上，卢西塔尼亚号的建造经费主要来自英国政府，目的是在后期武装它。有一段时间，它被注册为武装船只，但是它从未用于作战，因而注册被撤销。德国的公共舆论普遍认同击沉卢西塔尼亚号的行为，德国公众表达了希望德国赢得战争的强烈决心。

威尔逊既想让德国尊重美国的权利，又想维持美德和平。国务卿布赖恩则希望美国应从自身出发解决危机根源。他提议，在与德国进行谈判期间，美国公民不要乘坐交战国的商船，同时，他强烈主张抗议英国干涉美国海上贸易，认为英德都违反了国际法。他认为，这种姿态显示了美国的和平意向，而对英国的抗议则显示了美国的公正。实际上，他的建议等于使美国接受了德国的潜艇战，若他的观点占了上风，那么美国与协约国的贸易将戛然而止。威尔逊总统拒绝了布赖恩的建议。总统的其他顾问也不同意布赖恩的观点。豪斯此时远在英国，他传来自己的意见，表示坚决反对德国。威尔逊将豪斯的信宣读给内阁。内阁对于德国的态度分成两种，即姑息和挑战。而在美国的公共舆论中，公众对卢西塔尼亚号事件非常愤慨，要求政府采取强硬姿态，这使得美国作为大国不可能再继续忍耐下去。

在威尔逊看来，潜艇战已经成为对国际法及人类利益的威胁，同时逐步威胁到美国的经济利益。由于美国绝大部分的出口物资继续由英法船只装运，潜艇战将造成美国商业的巨大损失。在卢西塔尼亚号沉没后的一个月内，威尔逊下定决心，决定以战争相威胁驱使德国尊重美国的利益。威尔逊已经逐步关闭了向德国让步的去路，摒弃了布赖恩的绥靖建议。6 月 6 日，国务卿布赖恩辞职，由兰辛取而代之，后者是一位亲英派。7 月，威尔逊指示增加军备。他又批准了给予英国的大额贷款，但没有公开这个消息。在中立期间，威尔逊政府批准给予协约国的贷款，总数达到 23 亿美元，而德国仅得到 2700 万美元。

1915 年夏末卢西塔尼亚号事件风波未平之时，8 月 19 日，一艘德国潜艇击沉英国客轮阿拉伯号。尽管只有两个美国人丧生，但对美国政府来说，情况比卢西塔尼亚号的沉没更为严重，这意味着德国无视美国的警告，继续践踏中立国权利。但威尔逊仍有顾虑，他让兰辛私下把他的想法转述给丹麦外交大臣伯恩斯托夫：德国必须妥协，否则断交。德国首相贝斯曼坚持主张下令给舰艇，避免袭击所有客轮，但这一主张遭到德国海军部的反对，他们主张无限制地使用潜艇战。然而陆军方面不想招惹美国，陆军的观点暂时占了上风。德国政府秘密地从英国西海岸撤走了全部潜艇，命令北海海域的海军指挥官在行动时仅遵循临检规则。德国在潜艇战方面的妥协，几乎在德国政府内部引起一场危机。

不过阿拉伯号事件的处理结果使美国相当满意，威尔逊感到外交努力胜利了。贝斯曼认为，与德国矛盾的满意解决，会促使美国反对英国侵犯中立权利的行为。美国的确对英国的海上行为提出了抗议。此时，英国海军正在加紧限制以欧洲大陆为目的地的海上贸易。美国舆论强烈反对贸易限制，最无法容忍的是英国大规模地截获棉花，这已引起南方诸州的经济困境。同时潜艇战刺激了协约国扩大海战范围，这使美国对所有交战国都感到不满。

欧洲的和平是美国最终摆脱战争危险的唯一途径，威尔逊始终没有放弃调解的念头。在威尔逊的授意下，1916 年初豪斯上校赴欧调停。但协约国从未主动邀请美国介入。威尔逊意识到，中立姿态不会赋予美国重要的国际地位，折中政策将使美国丧失欧洲的尊重，而无法充当交战国的调停者。

美国参战

1916年3月24日，德国潜艇（U–29）袭击了苏塞克斯号非武装商船，约 80 人因鱼雷爆炸而死亡。船上共有 25 名左右的美国人，其中有 4 人受伤。德国的这一行为违背了阿拉伯号事件发生后的保证。美国不作反应或反应较弱都有失尊严，还可能会鼓励德国的非人道行为。美国面临着断绝美德关系的选择，威尔逊最终处于他在过去一年多的时间里力图避免的局面。

5 月 4 日，德国照会不仅承认对“苏塞克斯”号的攻击是错误的，潜艇指挥官也已受到处罚，而且最重要的是，承诺潜艇将只遵循临检规则行动。德国政府同时为自己留了后路：如果美国不能迫使英国遵守国际法，德国政府将保持决策的自由。尽管这是德国外交的权宜之计，但这份保证提高了威尔逊的声望，成为他连任选举的砝码。威尔逊开始着手研究如何避免新的潜艇危机。

1916 年 7 月，英国公布了一份与同盟国有贸易关系的公司黑名单。协约国禁止国内外的本国公民与黑名单上的公司有任何贸易往来。黑名单上的美国公司不能与英国国民进行贸易，因而面临着经济困难。其他美国公司则因担心被列入黑名单，自觉与这些公司保持距离。英国认为对国民的贸易行为进行约束是正确的内政措施。美国不能否认英国在禁止其国民从事贸易问题上拥有主权，因此美国主要抗议黑名单的后果，即它已超出阻止通敌贸易的范围——中立国的商船不敢接手黑名单上公司的货物，中立国银行拒绝为他们提供贷款，商人拒绝批进他们的货物。9 月初，美国国会通过一连串法案赋予总统对英国实施经济制裁的权利。但在真正实施之前，这些顶多不过是种威胁。若真的实施，则不仅损害协约国且有悖于美国的经济利益。英国控制着海洋，美国只能为协约国提供战争物资及信贷。威尔逊拖延作出最后决定。最终，美国作出让步，承认英国有权采取黑名单做法，放弃传统的敌性国籍的标准，使英国去掉了黑名单上的美国公司及个人。

美国的偏向性触怒了德国。1917 年初，危机迅速加剧。1 月 31 日，柏林宣布，从第二天开始，德国潜水艇将不加警告地击沉在英国海域附近发现的所有船只，不论是敌国的，还是中立国的。德国决心破釜沉舟，他们预计，能够在美国大规模投入战争之前结束战争。

2 月 3 日，美国政府下令同德国断绝外交关系。美国已经不可能在潜艇战问题上屈服。此时美国的出口贸易，因德国潜艇战而受挫，美国的出口数字及进出港口的商船数量，不论是与 1 月还是与去年同月相比，都呈现大幅下降。美国的繁荣面临着厄运。2 月 24 日，英国截获并破译了德国外交部长发给德国驻墨西哥大使亚瑟 · 齐默尔曼的电报。德国政府建议同墨西哥结成军事联盟共同对抗美国，德国承诺击败美国后将帮助墨西哥收复 1846 年失去的领土，把得克萨斯、新墨西哥和亚利桑那割让给墨西哥。“齐默尔曼电报”事件促使威尔逊下定决心武装美国商船。但武装商船的立法在国会未能通过。3 月，美国有四艘商船在大西洋被德国潜水艇击沉。3 月 20 日，被激怒的威尔逊在国会两院发表演讲，呼吁美国与德国开战。威尔逊把潜艇战说成是“对人类的战争”。经济利益、道义以及国家的尊严结合在一起，迫使美国人参战。4 月 4 日，国会参众两院分别以 82 票对 6 票与 373 票对 50 票赞同总统为和平而战的呼吁。对美国来说，这是一个既维护人道又保护自身经济利益的机会。

1918 年 3 月，德国发动了最后的进攻，所有迹象都表明他们会取得胜利。然而，到 6 月末，100 万名美国士兵出现在法国。显而易见，德国错误估计了形势。德国最高司令部要求停战，并于 1918 年 11 月 11 日停战。

美国的开国领袖借鉴欧洲的重商主义实践，为维护本国的经济利益在欧洲交战时选择中立作为基本国策。然而随着形势发展，美国派兵参加第一次世界大战，美国从孤立中走出来，积极参与国际事务，中立原则逐渐受到侵蚀，甚至濒临消亡。

罗斯福改革的启示

通常认为，社会保障需要花钱，总得是经济很繁荣，政府财政收入状况很好，才能大举搞社会保障。但是在20世纪三四十年代，美国总统富兰克林·德拉诺·罗斯福却通过一系列社会保障政策帮助美国走出了经济“大萧条”，赢得了第二次世界大战的胜利，制止了美国社会动荡和滑向法西斯主义的可能。

罗斯福当政之初，美国正处于经济大萧条时期。美国20世纪30年代大萧条实际上是在经济非常繁荣的背景下突然发生的。1922–1929年的美国被称为“柯立芝繁荣”，平均年GNP增长率高达55%。美国取代英国成为世界上的头号霸主，就是在20世纪20年代实现的。然而，危机以毫无征兆、极其突然的方式到来了。那么导致危机的因素是什么？用清华大学孙立平教授的说法，就是繁荣掩盖下的畸形社会。经济繁荣造成了财富的集中，1922年，美国1%的家庭拥有国民财富的31.6%，但到了1929年，这些家庭所占国民财富份额就上升到36.3%。财富集中导致两极分化。当时一个美国家庭如果想取得最低限度的生活必需品，每年要有2000美元的收入才行，但当时60%以上的美国家庭收入达不到这个数字。简言之，就是购买力跟不上商品产量，虽然经济繁荣，但是财富集中和两极分化造成了内需不足，因此经济增长不能持续。

不要以为美国的大萧条只是社会底层的贫穷化，中产阶级的衰落也很严重。正如当时《纽约时报》记者卡贝尔·菲利普斯所说，晚上敲你家门的流浪汉有可能是“爽快地给你批过贷款的人，在你读的报纸上写过社论的人，或曾经是房地产龙头企业的副总裁”。

美国20世纪30年代的大萧条还体现为原来的支柱产业的产能过剩和加速衰退。钢铁公司是美国当时重工业的龙头企业，但在1932年只卖出了产能的19.1%，因为美国机车公司不需要太多的钢材；20世纪20年代，美国机车公司已达到平均每年售出600台机车的水平，但在1932年只售出了1台；曾经是钢铁产业大客户的汽车产业，也风光不再……

罗斯福新政就是在这种背景下应运而生的，其实质是以社会保障政策创造走出经济危机的条件，在保证自由与活力的前提下促进公平。罗斯福新政可以分成前后两个阶段。第一个阶段，主要是经济层面的，体现为政府对经济的干预。罗斯福在金融和整个经济已处于崩溃状态的时候，出台了一系列紧急措施稳定金融，重振经济。这被人称为凯恩斯主义，实际上罗斯福并未读过凯恩斯的书，也不打算让这位外国经济学家插手美国事务。更应当关注的是新政的第二个阶段，它以社会变革为主要内容，主要举措包括为失业者提供工作，保护劳工权益，保障普遍的受教育权，防止垄断、鼓励公平竞争，以及对缺乏工作能力者的社会保障。

罗斯福当政之时，爆发了第二次世界大战。美国虽然远离主战场，但也面临着国家安全的威胁。罗斯福深刻地注意到了国内安全与国际安全之间的密切相关性。在国内，“贫困的人不可能是自由的人”，因为自由需要自治，而贫困的人缺少自治要求的独立性。这也就是诺贝尔经济学奖得主阿马蒂亚·森所谓的“作为能力剥夺的贫困”。美国的“建国之父”之一麦迪逊早就强调了贫困者“过上舒适生活”对于抵抗“派系之恶”或政府中那些利己主义者能起到的重要作用。在麦迪逊看来，完善的政治进程，既会受到“极端富有”的威胁，也会受到“极度贫困”的威胁。在两极分化的状态下，贫困者是无力对抗既得利益者的，缺少充足食物或住处的人不可能很好地参与政治过程，因而也不可能保护他们自己的利益。在国外，贫困的人恰恰是导致不和平的一个因素。20 世纪三四十年代法西斯主义的猖獗与 20 世纪 30 年代的全球性经济大萧条有着直接的关系。有人进行过统计，到 1933 年 10 月，在大萧条的背景下，法西斯运动遍及世界上 23 个国家，半年后增至 30 个国家。1920 年时，全世界原本约有 35 个国家拥有民选的现代立宪制体，到了 1938 年，只剩下了 17 个国家，到 1944 年，又减少到了 12 个。要抵御外来入侵和建设国防，需要让士兵免除后顾之忧，为他们以及他们的家人提供体面的生活。

面对“内忧外患”，罗斯福坚持“安全”的重要性，只有通过社会保障使人们建立起对未来的稳定预期，才能解决生产过剩和产品积压的问题，使国家更加安全。罗斯福的政策不仅使美国国内恢复了正常的秩序，而且为美国的国际地位奠定了基础。

在危机之时，美国出现了激进主义，有人主张通过国家强力实现平均分配，有人甚至倾向于纳粹式的极权主义。而罗斯福的高明之处在于他知道政府该干涉什么。罗斯福不是平均主义者，尽管他坚持，社会中最富有的成员应该承担相对高的税负，尽管他为处于社会底层的人寻求体面的居所。他反对直接提供救济金的方案，而更倾向于提供工作救济。他的工作救济方案不仅解决了美国大量的就业问题，为人们的生活提供了保障，而且改善了美国的基础设施，提振了美国经济。他致力于自由市场、自由企业和私人财产所有权制度，他希望以自由企业为基础，通过私人行动和公共行动的共同努力来保护人们的社会经济权利。他相信自由同样可以促进安全。当企业可以在公开竞争的环境中自由交易时，工人和消费者也是大的受益人；繁荣的市场经济能够创造更多就业机会，从而保护获得工作的权利；非垄断的房地产市场能够为民众提供更多住房；自由企业制度有助于生产更多的产品……罗斯福的政策看似“劫富济贫”，但实际上在罗斯福新政之前，美国富人在大萧条中的处境也很艰难。

罗斯福当然也受到了有影响力的私人群体的压力，这些群体属于既得利益者，对于埋葬或削弱罗斯福新政有着强烈的动机，并且要恢复罗斯福新政之前混乱的、自私的甚至逻辑不一的思想状态。在当时以传统自由主义理念为主流的美国，罗斯福强调政府干预、社会保障的压力可想而知，但是罗斯福新政却取得了较好的成效。罗斯福的新政可以说与美国南北战争后的重建一样，是对美国战时和战后的一次重建，它把美国人民又重新凝聚在了一起。

法国为何没能成为冠军？

法国是欧洲强国，历史上人才辈出，并且是启蒙运动的发源地。法国早于英国向封建领主制开刀，但是工业革命并没有发生在法国，反而被英国抢了第一把交椅，法国也始终没有在综合实力上获得过冠军的位置。

土地改革的制度红利未能充分发挥

15 世纪下半叶至 16 世纪初，在法国，地主制就取代了封建领主制。亨利四世于 1589 年统治之初，封建领主制几乎已经在法国消失了。土地和财产的权利得到确立，商业得到发展。但是法国的财产权体系并没有为经济发展提供太多的激励。问题主要出在寻租行为上，即倾向于使用特权而不是靠创办企业或勤劳工作挣钱。当社会主要通过寻租而不是诚实劳动挣钱时，经济就会受到损害。这就是法国旧体制的问题。

法国的寻租首先体现在征税上。在当时的法国，贵族和神职人员不需要交税，只有农民和小商人需要交税。税收负担的不公平迫使已经获得土地所有权的农民渐渐出售自己的土地，以规避纳税，这样一来，财产逐渐积累到不露面的贵族手中。到了路易十四去世的时候，法国已经退回到了实际上的封建领主制状态，这也成为引发大革命的导火索。

法国大革命后的土地改革确定了农民的土地所有权，将土地所有权转给许多佃户。但该土地改革允许农民将土地进一步细分，导致大量小面积农场的出现，将过量的农民锁定在日益低效的农业部门，不利于工商业的发展。

中央集权抑制了企业家精神

领主制的过早消失促进了法国的领土统一和经济发展，但另一方面也使王权膨胀。在路易十四统治时期，法国一度空前强盛，成为当时欧洲最强大的统一的民族国家。路易十四本人也被称为“路易大帝”“太阳王”，他塑造了一个近代中央集权制国家机器的典型。从 1660−1661 年路易十四在法国攫取最高权力，到 1815 年拿破仑·波拿巴滑铁卢战败，在这一个半世纪中，法国的军事力量逐渐强大并称霸欧洲。但与此同时，英国却借由工业革命而在经济上异军突起。

西方近代化的过程，是由分封而形成统一国家的过程。在这个过程中，如果中央集权破除了封建割据，促进了国内统一市场的形成，激发了商业活力，那么就有利于经济腾飞。但是法国的中央集权却体现出了不同的发展方向。在亨利四世时，出现了拥有行业垄断权的行业公会，阻碍了竞争和创新。到了路易十四时期，由于当年被迫外逃留下的心理阴影，路易十四有意凭借君权神授观念强化绝对君主制，宣称“朕即国家”。他斥巨资在巴黎西南郊兴建了富丽堂皇的凡尔赛宫，并将法国贵族都集中在凡尔赛宫，以将这些本应成为商业精英的贵族与他们所在各省的社会和商业根基隔绝开来，使得国家的商业活动支离破碎。这些精英“既来之，则安之”，也开始迷恋于凡尔赛宫的奢华，以获取国王的宠信为荣，渐渐地与他们远在家乡的商业经营疏远了。

在征税制度上，王廷发现，要将各种名目繁多的税收征齐非常困难，于是日益依赖一些包税人，帮助政府收税而从中分得好处。这种制度使得许多人的职业梦想是成为官员或包税人，而不是成为商人，家族的企业精神持续时间很少超过一代。商人一旦有了钱，就会购买官位，因为通过购买头衔和官职，许多人可以在税务名单中消失，而不需纳税。

同时，包税人制度也滋生了腐败，许多税收落入了私人腰包，而没有增加国家的财政。至少到 18 世纪 70 年代内克改革之前，法国人都没有全国性账目核算的意识，没有支出与收入的年度账目。随着 1688 年之后战火重燃，法国面临着财政紧张的局面。面对“开源”问题，荷兰的做法是发展商业和金融，而法国的做法是更严重地依赖于售官财政。从 1689 年到 1713 年，法兰西王国通过创设官职筹集了大约 7 亿里弗硬币。

经济管制阻碍科技创新

凡尔赛宫也重视有创造力的科学进步。法国产生了包括笛卡尔在内的一批有影响力的科学家，他们至少与英国同时期的科学家在数量上一样多，在能力上一样优秀。但是在为新发明注入资本和将其投入生产方面，法国却逊色很多。

让 – 巴普蒂斯特·科尔贝尔是路易十四手下最著名的大臣，他对经济实行了集中管控，一项又一项的法令对生产作出了事无巨细的规定。比如，规定某种布必须包含 1376 根线，另一种布必须包含 2368 根线，且对每种布料都规定了具体的宽度。与布料染色工艺有关的法规共有 317 项条款。还规定人们只能在 5 月和 6 月修剪羊毛，不能宰杀黑色绵羊，梳理羊毛的工具必须用某种特定的金属丝制造，并配有固定数目的梳齿。

科尔贝尔对各种行业共颁布了 44 项法令，并雇用大批检查员以保证各项法令的切实执行。到科尔贝尔去世时，共有 15 个独立的检查员辖区在运作。一旦检查员发现现有的法规不能涵盖生产过程中的所有阶段，大臣就将对法规进行扩充，并增加更多的检查员。到1754年，检查员辖区的数量增至64个。科尔贝尔的体系以及其无所不包的贸易法规阻碍了创新并为腐败提供了几乎无穷的机会。

行业公会也逐渐成为阻碍创新的力量。例如，当纽扣制造行业公会发现纽扣被某种骨制产品取代时，就向大臣报告，大臣就出动检查员对违反法规的裁缝进行罚款，甚至闯进私人住宅对那些穿着违禁品的人进行惩罚。

在18世纪，法国处死了超过1.6万的农民和小商人，罪名是违反棉花法规。

此外，在法国，科学家是精英阶层，深受政府的宠爱，被安置在研究院中。这些知识渊博的人很少与普通大众和工匠们打交道，其研究成果也脱离经济发展的实际需求。而在英国，学者和工匠们经常自由地交流与合作。

税负沉重阻碍经济发展

18世纪之时，法国的拉罗舍尔、英国的利物浦和格拉斯哥三个港口城市都跃跃欲试，希望在开放经济中大展身手。其中，拉罗舍尔的地理位置更佳，它坐落在通向西非和西印度群岛的三角贸易线上，但后来拉罗舍尔却籍籍无名。这是由于法国国王施加了沉重的、不平等的、横征暴敛的商业税。而法国国王之所以能够如此，是因为其征税权力不受议会限制。结果，拉罗舍尔只能眼睁睁地看着它的贸易机会被别人抢走。

当然，国王的权力集中也有利于集中力量办大事。依靠中央集权，法国的国内交通系统迅速发展。在亨利四世和路易十四统治期间，畅通的道路将巴黎与所有法国边境连接起来。到了 17 世纪末，快速的马车从巴黎行驶到里昂仅需要 5 天时间。到 18 世纪中期，法国拥有了欧洲最好的内陆运输系统。但是法国内部却划分为 30 个左右不同的关税区，对在不同关税区之间过往的货物征收沉重的关税。在亨利四世统治期间，一车盐从南特运 270 英里到达内弗斯，需要交纳的关税是货物实际价值的 4 倍。路易十四统治的后期，各省又将自己辖区内的公路和运河关税翻倍。

一般而言，一个国家的交通基础设施能够降低交易成本，创造增长效益。但是良好的交通系统却因为内部的条块分割而没能促进法国经济的发展。直到法国大革命后，制宪会议才以迅雷不及掩耳之势取消了国内关税。

宗教不宽容使人才流失

宗教上的不宽容长期以来成为法国发展的绊脚石。亨利四世一出生就是一名新教徒，而当他在 1589 年作为第一个波旁国王登上王位时，他被迫改信了天主教。或许是由于自身经历，在位时，他力求缓和宗教争端，并于 1598 年颁布了《南特法令》，为新教胡格诺教派提供保护以及允许其进行一定程度的自治。但是路易十四厌恶新教，他于 1685 年废除了《南特法令》。这种不宽容的态度影响到了科学研究，许多科学家逃到了英国和低地国家。第一台蒸汽发动机模型的制造者丹尼斯·帕潘就是其中的一位流亡者。

同样是由于宗教不宽容，王廷不愿将官职出售给新教徒，所以他们只能从事商业，法国的银行业主要就是由新教徒发展起来的。但是《南特法令》撤销后，新教徒被迫在改教和流亡之间作出选择，许多人选择移居阿姆斯特丹、伦敦、汉堡等地。王廷这种宗教不宽容的行为给资本市场造成巨大的破坏。而受到伤害更大的是工业部门。由于当时民间工业以轻工业为主，买卖更为方便，因而作为工匠的新教徒其逃亡规模更大。

当英国因制度红利而繁荣之时，法国却在浪费自己的天赋。法国充满弊端的财税制度、经济政策、宗教政策等导致了其被英国在经济上拉开差距，并且发生了法国大革命。

德国的异军突起

德国在欧洲显然是一个后发国家，但是德国在19世纪中叶开始出现了比欧洲其他地方都要迅猛的发展，异军突起，后来居上。

统一民族国家的形成

17世纪中期，德意志是314个拥有主权的邦和1475个独立的骑士领地的联合体。18世纪，当英国和法国已经完成了近代化，建立了统一的民族国家之时，德意志还面临着分裂的威胁。在19世纪之前，德意志只是个地理名称，有德意志民族、德意志语言、德意志文化等说法，但是没有德意志这个民族国家，德意志人民也没有国家意识。

在拿破仑发动的战役中，大量德国人却加入了法国军队，在德国的土地上打德国人。人们不禁提出一个问题：谁是德国人？这个问题关系着国家民族的身份认同，激发了德国人的民族意识。不过法军所到之处，也大大动摇了德国的封建制度。尤其是拿破仑在法国控制的德国西部地区大力推行拿破仑民法典，这是典型的资产阶级新社会的法典，它否认封建等级制度和特权，否认人身依附关系，倡导法律面前人人平等、私有财产神圣不可侵犯等原则。拿破仑民法典成为威斯特法伦、巴登等地的邦法。巴伐利亚等邦则颁布宪法，消除特权，实行公民平等。法国制度的移植对德国的封建制构成了致命的打击。

拿破仑战争还使德意志帝国境内的主权邦国减少到30多个。1803年通过的《全帝国代表会总决议》规定，取消帝国内部112个邦，以小邦并入大邦的方式把德意志邦国的数量减少至三十几个。

1815年，维也纳会议对拿破仑战败后的欧洲领土进行了安排，普鲁士的领土扩展了很多。在维也纳会议的安排下，还产生了日耳曼邦联。日耳曼邦联由30多个邦国、4个自由市组成，邦联的主权分属各邦。日耳曼邦联并非一个独立的国家，而是一个松散的联盟，这种状态符合周边国家的利益。但是经过拿破仑战争洗礼的德国已经无法走回头路，国内的民族意识被激发起来，要求结束分裂割据状态的呼声高涨。刚刚独立的普鲁士实力最强，内部成分较为单纯，其国民全是日耳曼人，德国统一民族国家建立的重任自然落在了普鲁士身上。

在当时的欧洲，人民的意识逐渐觉醒，要从君主专制手中拿回权利。反对君权的民主主义思潮与民族主义思潮相结合，推动着建立民族统一国家的运动。德国也受到了法国大革命的鼓舞。自由派认为，德意志要想实现统一，必须放弃君主专制，采用契约式的民主政体，把专制君主改造为立宪君主。1848年，发生了柏林革命，连国王都被扣押了起来。在奥地利，自由主义运动赶走了保守派首相梅特涅。日耳曼诸邦的自由主义力量抬头，欲以人民自由、独立的名义完成德意志的统一。一群来自德国各地的代表聚集在法兰克福，通过了《德意志国家宪法》，选举普鲁士国王弗里德里希·威廉四世为德国皇帝，这等于已经在形式上拟定了德国统一的纲领。然而法兰克福会议并未得到普鲁士国王和奥地利皇帝的支持，也就是说君主立宪的设想没有得到君主本身的认可，那么显然是无法推行的。自由派的努力付诸东流，德国的统一大业进入了一段停滞期。

德意志境内关系错综复杂，邦国林立。同时，德意志的地理位置还存在致命的弱点，它位于欧洲大陆的中心，被大国包围，时刻面临着外围强权的威胁。由于地缘条件、政治环境等因素，普鲁士建立起以强大的军事力量为后盾的专制政府。普鲁士的“大选帝侯”腓特烈·威廉希望加强国家机器的力量。与日本构建近代国家时的情形相似，下层贵族在德国的近代建国过程中也发挥了主导作用。来自普鲁士的下层贵族——容克在国家机器中占据了重要地位。在整个欧洲世袭贵族阶层中，容克属于最为贫困的群体，容克的庄园比农舍强不了多少。但是容克却往往傲慢自大，崇尚军事，强调血统。

1862 年，出身容克的俾斯麦出任普鲁士首相，他意在建立一个由贵族阶层和军事精英掌握政治领导权的国家。他撇开议会，推行铁血政策和军队改革。俾斯麦是激进的民族主义者，与自由派针锋相对。他致力于让整个德意志人民团结一心，共建强国。1866 年，俾斯麦起草了德意志新宪法草案，巩固君主专制，而对人民权利只字未提。俾斯麦通过三次王朝战争，终于实现了德国的统一，把德国带入现代强国之列。1864 年和 1866 年俾斯麦先后打败丹麦和奥地利，成立北德意志邦联。1870 年，普鲁士击败了法国。1871 年，德意志第二帝国宣告成立，以俾斯麦的宪法草案为蓝本制定了帝国宪法。

统一后，帝国政府颁布了商业法、营业自由法、统一的度量衡法、迁徙自由法、货币法、关税法等一系列经济法规，促进了德国的经济发展。从 1873 年开始，欧洲出现了普遍的经济停滞或衰退，到 1895 年，欧洲经济走出衰退期，出现了蓬勃发展的局面。在这个经济繁荣期中，德国的人口在 1913 年达到 6600 万。德国的煤炭产量从 1890 年的 8900 万吨上升到 1914 年的 2.77 亿吨，只落后于英国的 2.92 亿吨，远远领先于奥匈帝国的 4700 万吨、法国的 4000 万吨和俄国的 3600 万吨。1914 年，德国1760万吨的钢产量高于英、法、俄三国的产量总和。从1890年到1913年，德国的出口量增加了两倍，接近世界头号出口国英国。德国在第一次世界大战前夕成为世界第二大商船拥有国。当时，德国在世界制造业中所占的份额达到14.8%。1898年之后，德国迅速建设海军，其海军规模从世界第六位跃升为第二位，仅次于英国。

比洛首相与德皇威廉二世宣称，德国世纪正在到来。20世纪初，德国超过英国，一跃成为欧洲头号强国和仅次于美国的世界第二强国。

经济一体化

德国的异军突起不仅仅受益于政治的统一，还有经济制度和教育科技方面的因素。

在拿破仑入侵的刺激下，以普鲁士为代表的德意志各邦进行了改革运动，主要集中在经济领域，开启了德国的资本主义进程。1807年，普鲁士国王弗里德里希·威廉三世任命施泰因为政府首席大臣。施泰因出身于德国西部的帝国骑士家庭，深受启蒙思想的影响，希望在德国实行英国式的立宪君主制。1806年，普鲁士在耶拿—奥尔施泰特战役中大败，这促使施泰因意识到改革旧体制的必要性。在他的领导下，德国开始了具有划时代意义的改革。农业改革是施泰因改革中的重点内容，其本质是一场土地革命，把封建地产制转变为资本主义自由地产制，其影响最为深远，直接引发了普鲁士的社会经济结构转型。城市自治是施泰因改革的另一项内容。面对社会结构的转型，1808年，施泰因颁布了《城市规程》，使各城市获得自治权。在普鲁士进行农业改革的同时，德意志其他地区也以不尽相同的方式实行了农民赎买封建义务的改革。到1848年，德国几乎所有地方都不同程度地完成了对农民的解放。

施泰因的政策遭到了既得利益阶层的强烈反对，但是改革趋势已不可逆转。接替施泰因的哈登贝格政府于1810年颁布了《行业税敕令》，明确了营业自由的原则，这意味着行会法规和行会束缚的废除，促进了工商业的发展。1816–1846年，普鲁士的手工业者人数从40万增加到84万。1824–1831年，普鲁士来自手工业行业的税收增长了25%。

德国经济上的统一早于政治上的统一。普鲁士由于拥有全德最发达的工业区，在全德贸易和对外贸易中具有特殊的地理位置，因而最先对关税统一作出反应。1818年，普鲁士政府颁布新关税法，废除了普鲁士境内所有关卡和关税，实行对外关税统一。普鲁士工商业由此卸掉了内部重重关税的负担，普鲁士的统一市场开始形成。为了建立更广泛的关税同盟，从1819年起，普鲁士利用自己的地缘优势同周边小邦展开关税战。普鲁士通过对过境进口税施压，使9个处于普鲁士周边的小邦被迫加入了普鲁士关税体系。1834年，在普鲁士的领导下进一步建立了德意志关税同盟。到1852年，除了奥地利之外，各邦国均陆续加入了同盟。这为德国的政治统一奠定了物质基础。由于关税的统一，各邦之间交往日益频繁，德累斯顿货币条约、统一的票据章程、共同商业章程等的实施，使各邦之间货币和度量衡的统一加速。

交通建设使经济一体化的进程更加畅通。1831年，莱茵河所流经的各邦签订《莱茵河航行公约》，实行航运自由，产品的运价大幅下降。

铁路的延伸推动了德国的城市化和工业化进程，将政治上依然分裂的德国各地区连接了起来。1835年，在巴伐利亚建成了德国境内的第一条铁路，标志着德国铁路运输时代的开始，由此在全德兴起了“铁路热”。1840年，德国铁路企业的劳动力仅有1648人，1870年增加到161014人。从1837年到1850年，全德铁路投资从210万马克增至8.914亿马克，增长400多倍。1835年，德国铁路仅6公里，1875年达到了27960公里。

在德国的政治改革因为不同利益群体的斗争而陷入停滞之时，德国的经济却一直在发展，而经济的一体化又倒逼着政治的一体化。

科教兴国

德国的经济发展离不开教育和科技。德国人以严谨、理性而著称，这种民族性的形成并非凭空而来。从 16 世纪起，德国在 150 年内建立了 14 所高校。德国开创了世界上最早的全民教育体系。教学与科研并重的现代大学诞生于德国，国家为大学提供教学和科研资金，但是不能干涉大学的学术自由。

18 世纪下半叶，德国也兴起了启蒙运动。启蒙运动是欧洲一个普遍性的思想运动，主要任务是使人摆脱中世纪神学和宗教教条的束缚，反对君主专制，提倡自由、民主和平等，使人们能够运用理性独立思考。德国在这个过程中形成了独具特色的古典人文主义传统，出现了康德、费希特、黑格尔等古典哲学大师。巴赫、亨德尔、贝多芬等世界级音乐大师也诞生于德国。

不要认为启蒙运动只属于人文领域，启蒙思想的核心是理性主义，是首先由自然科学家们创立的，理性代表了科学。正是这种理性主义，使欧洲在科学技术上发生了质的飞跃。这也可以用来回答“李约瑟之谜”，尽管中国古代对人类科技发展作出了很多重要贡献，但科学和工业革命并没有在近代的中国发生，原因之一就是理性主义精神的缺失。

19 世纪初，威廉·冯·洪堡领导了普鲁士的教育改革，其内容主要有四个方面：第一，引进先进的教育理念，强调发展个性，同时培养学生对于全社会的责任感；第二，加强世俗国家对教育事业的控制和管理，排除教会对教育的干涉；第三，实行“教育服务于国民”的政策，推行普遍的义务教育，推动教育的大众化，在义务教育阶段不是进行职业培训，而是进行普通的基础教育；第四，在高等教育方面，打破大学为政府训练高级官员的传统任务，将学术研究作为主要任务。1810年创立的柏林大学就是这种新型大学的榜样，其实行充分的学术自由、教学与科研相结合。洪堡的教育改革也被德意志其他邦所采纳，使普鲁士乃至全德的教育处于世界领先地位，为德国的科技创新提供了人才保证。

在工业革命的浪潮下，德国人的智力积累终于得以充分发挥。以机器化为标志的第一次工业革命发生在英国，而以电气化为标志的第二次工业革命则发生在德国。德国在电力、光学和化学等新兴工业中发展迅速，涌现出克虏伯、西门子、拜尔等大型公司，这些公司到今天依然是世界顶级企业。虽然德国比英国和法国起步都晚，但却进步神速。到“一战”前夕，由13艘无畏级战列舰、16艘旧式战列舰和5艘战列巡洋舰组成的德国公海舰队，对强大的英国海军造成了很大威胁。当时，德国舰队在内部结构、炮弹、光学设备、舰炮控制、夜间训练等方面都比较优良。到1913年，德国约有一半的居民用上了电。

德国良好的经济和科技基础使其在“二战”战败后依然保持了较高的劳动生产率，国民生产总值很高，通货膨胀率很低，产品具有竞争力，能够从战败的阴影中迅速崛起。

未完成的建国

德国的建国事业呈现出一种保守的色彩。德意志第二帝国曾有朝着英式议会主权模式或美式分权模式发展的可能，但俾斯麦领导的政府没有选择这两条道路中的任何一条，而是保留了专制因素，增强了君主和容克在德国的统治。当然，由于自由派的因素，俾斯麦也没能在专制的道路上走得太远。德国当时属于一个半议会半立宪的联邦君主国。帝国首相由帝国皇帝任命并对其负责，军队也是如此，他们不对议会负责。这种体制类似于传统政治，其效能主要取决于皇帝和重臣。

德国无疑具有经济改革先行、政治改革滞后的特征。这是由于占统治地位的传统贵族与新兴资产阶级具有某种利益一致性。贵族之中许多人从事工商业经营，新兴资产阶级中的一些代表性人物则通过购置地产、谋取爵位而跻身贵族行列，因而他们都支持经济改革，但是对于会削弱上层权力的政治改革却并不热心。不过经济上的逐步开放为政治改革打开了空间。

作为后发国家，德国的民族情绪强烈。民族主义是一把“双刃剑”，它是德国建立统一的民族国家、实现强大的基础，也是德国走向战争的温床。俾斯麦的统一运动只是实现了德国形式上的统一，但并没有运用现代政体去整合德意志，于是通过公共舆论宣扬民族主义成为赢得民众支持的一个好办法，这愈发使军国主义和民族主义融合在一起，隐伏着德国再次被分裂的风险。一方面是德国在经济上和科技上的领先，另一方面是德国在国际事务中并没有太多话语权，这种落差刺激了国内民族情绪的高涨，各种民族沙文主义团体纷纷建立。德意志帝国的皇帝威廉二世和“第三帝国”元首希特勒都迫不及待地争夺世界霸权，煽动极端民族主义情绪，挑起两次世界大战，给本国人民和世界人民带来了灾难。

德国对纳粹的反思

1970 年，联邦德国总理勃兰特在犹太人死难者纪念碑前双膝下跪，举世瞩目。实际上，德国对纳粹的反思经过了复杂的过程，这里有文化、民族、制度、国际关系等的交互作用，反映出一个国家走向自强和文明的历程。

去纳粹化：盟国的主导与德国的抵触

希特勒的纳粹主义的特点是：第一，极端强烈和狂热的民族主义，要通过灭绝犹太人、吉卜赛人和其他非条顿族的人种，来实现种族“纯洁化”的社会。第二，强调领袖的作用，依靠领袖推广德意志精神，进行社会动员。第三，充满暴力、斗争和仇恨的意识形态，以粉碎敌人为快乐，蔑视妥协。可以说，以希特勒为代表的纳粹主义给世界带来了灾难，对这种纳粹主义的反思成为战后的重大主题。

对于德国战后的走向，盟军起了很大作用，在反思纳粹方面也是如此。“二战”后，美国人立即在自己的占领区启动了再教育和去纳粹化计划，目的是在德国的公共生活中废除纳粹党，粉碎其根基。为此，占领德国的美国军队组织了一群心理学家和其他专家对德国人进行研究。

对于这些措施，也有相当多的反对意见。1946年5月5日，后来担任联邦德国总理的康拉德·阿登纳在一次公开演讲中反对“去纳粹化”的措施，要求让纳粹的同路人得到平安。两个月后的另一次演讲中，他认为，去纳粹化持续的时间太长，毫无益处。让德国人来面对纳粹的罪行会引起民族主义的对抗情绪，而不是引起悔罪之心。正因为纳粹主义在德国根深蒂固，在这个问题上选择沉默是明智之举。

事实证明了阿登纳的判断。20世纪40年代，德国人几乎没有意识到其他国家是如何看待他们的，大多数德国人认为纳粹主义是一种很好的理念，只是被操作坏了。他们并不知道自己和他们的领导人都做了些什么，不知被他们占领过的地方的受害者的苦难，只知道自己在战后的种种困难。他们倾向于将自己视为受害者，把对纳粹的审判和谴责视作胜利的同盟国的报复。在战后的德国，进行再教育的作用十分有限。当时要求德国人在领到配给证之前，先去观看关于达豪集中营和布痕瓦尔德集中营的纪录片。但从电影一开始，大多数人就将脸背过去，他们对此并不感兴趣。

此外，还有为数众多的回归者（从东普鲁士、波兰、捷克斯洛伐克等地被驱赶过来的日耳曼种族的人）和退伍军人认为自己是战争的受害者，在战后遭到了不公正待遇。他们成立了回归者和被剥夺权利者团体，代表他们利益的右翼民族主义政党在1949年大选中获得了和自由民主党大致相当的议席。

正是意识到这类选民的力量不可小觑，阿登纳才小心翼翼地避免直接批评德国的纳粹历史。激烈的批评很可能会引起右翼势力的死灰复燃。阿登纳领导的德国更倾向于以三重受害者的形象示人：首先是希特勒统治时期的受害者；其次是被战争摧毁的城市的受害者；最后是战后对德国罪行进行夸大宣传的受害者。

经济社会转型是去纳粹化的根本条件

1945 年 5 月 8 日，当欧洲的战争结束时，德国有 800 万名纳粹分子。在波恩，112 名医生中有 102 人曾经是纳粹党员。到 20 世纪 50 年代初，民主德国高等教育机构的校长中半数以上是前纳粹党员，20 世纪 60 年代，议员中前纳粹党员超过 10%。显然，纳粹行为在德国是一种集体行为。

在德国之外，战争胜利催生了人们对于国家主义的信任，人们期许国家干预。1945 年英国大选中，工党竟然戏剧性地击败了领导英国人民取得战争胜利的丘吉尔。不过在英国，没有什么计划经济的土壤。工党施政纲领的核心是国有化和公共医疗。在法国，1946 年 5 月，国家总体生产能力的 1/5 属国家所有。法国尤其偏爱“计划”。1945 年 12 月 4 日，让·莫奈向戴高乐总统提交了他的《工业设施现代化计划》。一个月后，成立了以莫奈为首的“计划总署”。在随后的几个月里，莫奈为各工业部门设立了“现代化委员会”，这些委员会又制订了各行业的计划。1947 年 1 月，“计划总署”的第一份国家计划被法国内阁毫无争议地批准了。

在这种环境下，德国人主要是通过遗忘来实现“去纳粹化”。德国人具有服从规则、献身国家的天性，尽管没有对历史进行充分反思，他们还是接受了盟国施加的民主制度。可以肯定的是，若没有某种集体失忆症，欧洲战后的迅速复苏是不可能的。但是历史并不会被抹杀，如果不进行彻底反思，日后还会沉渣泛起。

但仅仅进行说教，无法清除纳粹主义，最好的办法是实现社会经济的转型。欧洲大陆的经济复苏激发了人们对稳定的渴望以及对激进的抵触。在德国，残留的民族主义激发了人们重建家园的决心。希特勒死时，德国的铁路只有10%可以运行。一年后，在1946年6月，全德国铁路的93%都已重新开通，还重建了800座桥梁。1945年5月，德国的煤产量只有1939年产量的1/10，一年之后，产量翻了5倍。由于德国的工业基础良好，且在战争中没有受到实质性破坏，战后得以迅速恢复元气。大众汽车公司91%的机器设备躲过了战时轰炸和战后洗劫，到1948年，该公司已经有能力生产出全联邦德国汽车产量的一半。

然而由于原料短缺等因素，德国的复兴之路并不顺畅。1948年初，德国的工业产量仍然只有1936年的一半。如果德国总是处于战败、贫困的状态，看不到改善的希望，他们迟早会重新投入纳粹的怀抱。实际上，纳粹主义的兴起与"一战"之后德国的困境密不可分。根据马歇尔计划的逻辑，应该解除对联邦德国生产的一切限制，因为德国的经济复兴对于欧洲至关重要，报复性地制裁德国并无益处。1948年，马歇尔计划扩展到了联邦德国。

但随着"冷战"的到来，对纳粹的反思戛然而止。纳粹分子在战后的德国依然占据很大比重，执政者需要获得纳粹分子的支持。1949年，新成立的德意志联邦共和国结束了对公务员和军官过去行为的调查。1952年，西德外交部官员中有1/3是前纳粹党成员。

不过"冷战"也具有额外的效果。随着东方与西方阵营的对峙升级，西方国家对军备的投入迅猛增长，大批只有联邦德国才能精加工的产品订单涌入。这大大刺激了德国的经济复苏，仅钢产量一项，联邦德国就从1946年的250万吨增长到1949年的900万吨，1953年接近1500万吨。东西方的对峙更使与德国有着长期夙怨的法国支持德国的复兴。1949年底，联邦德国工业产量重新达到了1936年的水准；1950年末又增长了1/3。联邦德国的煤、成品和贸易反过来促进了欧洲经济的复兴。

公民教育使德国浴火重生

要想根除纳粹的极权统治遗产，不能因为美国、英国如何说，而要自身进行深刻的思考，进行内部改造。1933 年以后，从移民潮中留下来的德国知识分子，几乎都不得不向当政者妥协，其中最知名的就是马丁·海德格尔，还有许多小知识分子，他们根据纳粹的要求来写作和行事。这段历史腐蚀了德国的文化，而文化重建需要时间。1946 年，只有著名的卡尔·雅斯贝尔斯写出了《德国的罪责问题》这样的反思文章。

德国人首先通过立法来寻找出路。1949 年，《德国基本法》获得通过，德意志联邦共和国成立。《德国基本法》是德意志民族浴火重生的制度框架。《德国基本法》使用"防御性民主"原则，第 1 条即规定"人的尊严不可侵犯"。根据这一条的规定，任何反对现行民主秩序、有损个人尊严的言论，都被严格限制。宣传纳粹思想或使用有纳粹标识的物品，即有危害民主的嫌疑；而否认纳粹大屠杀等言论，则是对犹太人受害者尊严的侵犯。这些都是违宪行为。

随后德国开展了大规模的政治教育，这种政治教育不是政治宣传，而是一种公民教育，把关于良好社会的价值灌输到日常实践中，把国民培养成为具有独立人格的人，热爱国家，但不成为国家主义的工具。1952 年起，德国成立了六个政治基金会，实际上代表了六个政党，开展政治教育工作。这六个机构是：联邦政治教育中心、艾伯特基金会、阿登纳基金会、伯尔基金会、卢森堡基金会和瑙曼基金会。这六个机构虽然分属不同的政治派别，但是都有共同的基本价值，那就是《德国基本法》，即宪法。

此外，德国教育法明确规定，德国历史教科书必须包含足够内容的纳粹时期历史，应直面问题，而不是回避问题。为了让已经开始有独立判断和分析能力的中学生更深刻地领会“二战”的有关内容，进而以史为鉴，德国各中学纷纷开展形式多样的教学活动，如请历史事件见证人到学校做报告，安排学生参观德国现存的集中营旧址和战场遗迹博物馆等。德国境内三大集中营之一的布痕瓦尔德集中营遗址纪念馆就是德国向中学生进行历史教育的重要基地。

在这种氛围下，德国开始了向受害国家和受害的犹太民族进行巨额赔偿的工作。当初采取权宜之计的阿登纳也感受到了一种无法抗拒的必须作出赔偿的压力。1952 年 9 月，阿登纳和以色列总理摩西・夏雷特达成协议，对幸存的犹太人赔偿 1000 多亿德国马克。1956 年，联邦德国议会通过了纳粹受害者赔偿法，400 万人获得赔偿。2001 年 6 月，德国议会批准成立资金为 45 亿美元的基金，用来赔偿纳粹时期被迫为德国企业卖苦力的劳工。6300 多家企业为这项基金提供了捐助。2002 年，德国赔偿金额达到 1040 亿美元，它每年还继续向 10 万受害者赔偿 624 亿美元的养老金。

如今，德国政府仍以十分严厉的立法形式惩罚纳粹主义言行。制裁这类行径的法律主要是《德国刑法典》，该法典第 86 条“使用违宪组织的符号罪”明文规定——传播或在公开场合使用违宪组织标志可判最高 3 年有期徒刑或罚款。纳粹万字符、“希特勒万岁”口号、“胜利万岁”口号、纳粹举手礼、纳粹党歌都属于该法条的管制范畴。任何为纳粹主义翻案的言行，在德国都会受到法律制裁，《德国刑法典》第 130 条“煽动民众罪”明文规定——公开赞扬、否认和美化纳粹罪行将惩处有期徒刑。

一个民族能否诚实面对自己的过去，反映的不仅是其对待历史的态度，更体现了一个民族面对当下和未来的精神状况。

坂本龙马的纵横之策

合纵连横，简称纵横，是中国战国时期纵横家所宣扬并推行的外交和军事政策。纵横之策作为一种手段可以有利于世，也可能成为个别人满足自己权欲的工具。日本近代转型之时，坂本龙马实际上就是使用了纵横之策，虽然他个人未必有所意识。坂本龙马的做法帮助日本顺利实现了制度转型，减少了流血伤亡。2017 年是大政奉还 150 周年，在纪念这个历史时刻之际，不应忘记坂本龙马的贡献。

背景

明治维新之前的日本危机重重。国内有天皇和幕府两个核心，天皇徒有其名却不拥有实权，幕府将军实际上管理着日本。到了幕府末年，幕府的压迫政策引起了各方的不满。然而幕府在对外政策上确有开明之处，虽然幕府是被迫开国，但毕竟符合历史潮流。然而幕府的举措在当时的背景下难免被国人理解为卖国。随着幕府的强权人物——大老井伊直弼被杀，幕府更加没落。借助法国人的势力实行压迫统治，幕府统治岌岌可危。当时日本有 200 多个藩国，每个藩国的统治者是大名，大名各自为政。当时尚无“日本人”的观念，只有藩国的观念，日本呈现出一盘散沙的状态。

幕府末年，日本出现了不同的派别，总体而言有幕府派和尊皇派。幕府派中有部分人是开国派。藩国受封于幕府，从道义上对幕府要忠诚，而各藩的尊皇派属于反抗势力，希望借助天皇的名义统一日本，打破幕府的腐朽统治。尊皇派中大多持攘夷的态度，但也有人主张不要与外国人硬碰硬，应该学习外国的先进技术和文化。当时有的人比较激进，片面地主张排外。有些人只是出于义愤，就去暗杀主张开放的开明人士，毫无理性。有人鲁莽地发动针对外国人的攻击行为，结果招致西方人的报复，给国民带来了更大的损失。其实这些派别也无所谓绝对的正确和错误，不同的作品对他们的态度也不同。但是对坂本龙马的肯定却基本是一致的。

坂本龙马是日本明治维新时代的维新志士，原为土佐藩乡士（下级武士）。面对当时日本的混乱局面，出于对国家民族命运的担心，坂本龙马认为首要的是让日本人团结起来，不能搞“窝里斗”。坂本龙马是较早倡导“日本人”观念的，他在介绍自己时开始改口称自己为“日本人”。“日本人”体现了一种对于国家而不是藩国的身份认同。

促成萨摩与长州的结盟

和平、非暴力构成了坂本龙马一生的主调。当时坂本龙马的好友武市半平太组织了土佐勤王党，采取暗杀等手段攘夷，坂本龙马对此很是排斥。经过一番思想斗争，坂本龙马打算以实际行动来践行自己的“日本人”理念，他决定脱藩，自己去寻找日本转型之路。当时每个人都属于“藩”，而不属于“国”，对于武士而言，藩属尤其重要，这是武士获得各种待遇的保障，而脱藩意味着要放弃自己的一切身份、地位和家人，脱藩者被称为“浪人”。不惜放弃一切而脱藩，可见坂本龙马的决心之大。

为了让国人团结起来，坂本龙马打算从具有可操作性的方案入手，先让萨摩和长州团结起来，再不断扩大团结的范围。萨摩与长州是除幕府本部之外最具实力的两个藩国。如果萨摩和长州两强相争，必然两败俱伤，给外国入侵以可乘之机。然而两藩属于不同阵营，恩怨由来已久。长州藩本是激进的尊攘派，受朝廷倚重，但后来其在朝廷的地位被主张公（皇廷）武（幕府）合体的萨摩藩取代，受到驱赶。长州藩打算劫持天皇，“挟天子以令诸侯”，来实现自己的理念。当长州藩冲到皇宫门口（御蛤门）时被萨摩藩挡住去路，长州藩于是朝萨摩藩所处的位置开炮，造成了炮轰天皇皇宫的后果，从而成为朝廷公敌。最后长州藩还是被萨摩藩打败，屈辱地离开了京城。经历失败之后，长州藩痛定思痛，决定学习西方，“师夷长技以制夷”，并且宣布脱离幕府统治。于是幕府举兵征讨长州，并让萨摩藩做主力。萨摩藩的参谋西乡隆盛意识到，如果长州被灭，幕府就会气焰大涨，萨摩的势力则会相对被削弱；如果幕府失败，难免不陷入诸侯争霸的局面。鉴于此西乡隆盛主张统一藩论。这让坂本龙马看到了促使两个强藩结盟的契机。

然而好事多磨。由于出现奸细，西乡隆盛出于谨慎的考虑，没有赴约缔盟。本来长州与萨摩就势同水火，西乡隆盛的出尔反尔使得长州藩非常恼火。但坂本龙马并不放弃，他继续从中斡旋。要想让双方顺利缔约，必须互惠，尤其是曾爽约的萨摩藩需要拿出诚意。长州藩起事和自卫都需要购买武器，但看好幕府的洋人不愿卖给长州藩武器。而萨摩藩可以征讨长州藩为名购买武器。坂本龙马灵机一动，建议萨摩藩帮长州藩购买武器。坂本龙马随后开始游说外国商人，对他们晓之以理、动之以情，令他们看清日本未来的形势，终于谈成了买卖武器的生意。之后，坂本龙马冒着生命危险，来到京都撮合两家结盟，险些被幕府势力所杀。最终，以坂本龙马的人格担保，在效忠天皇的名义下，萨摩与长州结盟了，倒幕的最大势力就此结成，“萨长”构成了后来明治新政府的主要势力。

促成土佐和萨长的联盟

萨长结盟未能阻止幕府对长州的征讨。为了保护结盟的成果，坂本龙马早年学习海军的技能派上了用场，他组织海军支援长州，击退了幕府军。但武力讨幕并非坂本龙马的本愿，他希望实现和平转型，让幕府主动还政于天皇。坂本龙马的想法在萨摩和长州看来都无异于天方夜谭，幕府怎么可能主动放弃权力呢？要想让当权者作出让步，必须拥有足够的抗衡实力。

随着长州与幕府开战，战争日益逼近土佐藩。土佐藩大名山内容堂是一个非常会审时度势的人，他清醒地意识到，幕府统治已是日薄西山，担心土佐受幕府牵连而劳民伤财，于是让参政后藤象二郎接触萨摩和长州。这正合坂本龙马之意，如果能拉土佐藩加入联盟，那么就有三个强藩结盟，倒幕的力量足够强大，足以迫使幕府主动交权。

后藤象二郎曾是幕府派，作为上士阶层，他经常欺压下士阶层，还杀害了土佐藩的攘夷志士，而这些志士是坂本龙马的儿时好友。但是为了大局，坂本龙马放弃私人恩怨，坐下来与后藤象二郎谈判。

这里出现了一段插曲。幕府对土佐藩大名山内容堂有恩，因而土佐并不想一下子步子迈得太大，他们想先与坂本龙马进行贸易合作，等待合适的时机再进行下一步。坂本龙马接下的第一单贸易是驾驶伊吕波号运送货物到大阪，然而天有不测风云，伊吕波号在途中被纪州藩的大型船只撞沉。纪州藩是幕府的御三家之一，地位尊贵。似乎脱藩浪人坂本龙马只能认输。这时坂本龙马想起了国际法，他运用法律知识据理力争，最后竟然让纪州藩拿出了巨额赔偿。坂本龙马说服对方的理由是：日本要与国际接轨，不能成为野蛮国家。坂本龙马成为日本活学活用国际法的第一人，这种对法律精神、现代规则的重视对于日本日后的发展意义重大。

在坂本龙马的联络下，土佐藩代表与萨摩藩代表坐在了一起，双方同意共进退，劝幕府奉还大政，如果幕府不答应，就武力讨幕。

“船中八策”与大政奉还

在与后藤象二郎畅谈的过程中，坂本龙马开始憧憬幕府推翻之后日本的建设问题。坂本龙马把自己多年来从各方学到的知识进行归纳总结，提出了著名的“船中八策”，因为是在船上提出的，共有八条设想，因而得名。

“船中八策”的大体内容是：（1）建立单一制国家，天下政权还于朝廷，政令应当出于朝廷，去除藩镇的权力；（2）建立议会制度，设上下议政局，置议员以参万机，展公议以决万机；（3）废除公武制度，四民平等，广招有志之士任官；（4）修改不平等条约，实现主权平等，与外国交际，广采公议；（5）折中古来之律令，新撰永恒之大典，即制定宪法、修订法律；（6）扩张海军，控制海权；（7）置亲兵，使之守卫帝都，实际上强调建立现代军队，军队对国家负责，而不是对幕府和各藩负责；（8）主张关税、货币政策的自主权。“船中八策”丝毫没有谈及对幕府的处罚，体现了一种妥协的精神。“船中八策”虽然是即兴之作，但可以说是日本的《独立宣言》，致力于建设一个独立统一的新日本。

两个核心造成了国家的混乱，而大政奉还有利于实现日本国内的和平与稳定，走向近代民族国家。大政奉还将意味着幕府制度以及其背后的领主一家臣制、武士制度的结束。那么新国家将是什么样子的呢？坂本龙马仅将天皇作为大政奉还的手段，他认为治理国家的权力不在于天皇，而在于人。坂本龙马所构想的国家并不是将天皇绝对化，而是想建立一个拥有上下两院构成的议会、国家的权力来源于每个国民的近代立宪制国家。在小册子《藩论》中，坂本龙马论述了在当时日本实现人民主权的途径：第一，藩主和藩士在"新契约"的基础上建立新的主从关系；第二，破除原来的身份制度，重视个人的能力；第三，在建立了新的社会氛围的前提下，通过普选、再选、决选一次次反复选举克服初次选举中存在的失误，最终选出能够代表人民意愿的人来代表人民行使权力。

土佐藩大名山内容堂看到"船中八策"后，决定上书给幕府将军德川庆喜，促使其主动交权，以实现"无血革命"，避免发生内战。"船中八策"没有提对幕府的惩罚，只是提议建立有限的君主制，日后一旦建立议院，在当时的背景下，幕府仍会具有较大的影响力。如果死扛到底，对幕府也没有什么好处，想当年荷兰大议长德·维特始终不愿还政于执政威廉，使得国内充满权斗，结果自己落了个被民众分尸的下场，这就是前车之鉴。因而德川庆喜以勇气和智慧顺势而为，于 1867 年 10 月 24 日举行了大政奉还的仪式，天皇颁布《王政复古令》，废除幕府，日本进入明治新政府时代。大政奉还可以说是日本的"光荣革命"。

大政奉还之后，坂本龙马在"船中八策"的基础上，拟定了更为完善的"新政府纲领八策"，并把它送给各藩要人，请他们到京都召开"制宪会议"。坂本龙马还提出了新的政治机构的领导人名单，但是没有列上自己的名字，体现了一片公心。

大政奉还后，日本在"船中八策"和"新政府纲领八策"的基础上完成了新政府的组织纲领，顺利地建立起君主立宪制，这是多方面因素促成的结果。首先，日本的维新派多是像坂本龙马这样的下级武士，如果日本实行绝对君主制，这些人显然瞎忙活了，废除等级制才能顺应民心。其次，如果日本实行封建君主制，那么倒幕的各藩也等于瞎忙活了。最后，日本有长久的"虚君"传统，如果天皇一下子走向君主专制，那么显然阻力太大，不如借助民主的力量制衡藩邦的既有力量。

出身平凡的坂本龙马改变了日本的历史。然而坂本龙马的做法动了许多人的奶酪，他未能看到明治维新的成效就被暗杀了。之后，幕府还是与朝廷开战了，不过既然还政大局已定，幕府绝不可能再重新掌权了，其失势成为必然，就像中国的清帝退位了就不可能再成功复辟一样。坂本龙马的策略无疑体现了东方智慧。纵横之策如果只是为了满足个人权欲，即使运用得再好，也不过是伪智慧。如果把这种策略运用于为国为民的大计，体现的则是真勇气。吊诡的是，和平换来的明治维新使得日本逐步强大，同时日本也在逐渐走向军国主义，进而引发了更大的战争，这是后话了。

日本何以赶超欧美？

日本是第一个赶上西方世界发展步伐的亚洲国家，一度成为世界第二大经济体。日本的赶超是如何起步的呢？

对外开放

17–19世纪，日本处于闭关锁国的状态，政府对于国际贸易和交往施加了严格限制，只有来自中国、朝鲜和荷兰的船只才被允许进入日本，并且荷兰人被限于在长崎的一小块范围内活动。

在讲述日本向现代社会转型时，人们常常会提到美国佩里船长到达东京湾的事件。1853年，美国船队造访日本，要求日本实行开国政策。日本迫于压力，于1854年3月31日在今天的神奈川县横滨市与美国签署了12条的《日美和亲条约》，也称《神奈川条约》。随后，又在5月25日，对条约进行了最后的修正，最终确定了13条的《下田条约》。该条约规定：日本开放下田港和函馆港给美国，用于做生意、停靠补给等事务，并且在两地建立领事馆和美国人居住区；美国人可以在日本的规定区域内自由活动，不受限制；美国享受和日本单方面的贸易最惠国待遇；等等。

继美国之后，英国、法国、俄国纷纷来日本签订类似的亲善条约。日本实行了200多年的闭关锁国政策终于被打破了。主动开国使日本避免了战争之苦，并且获得了与国际接轨的机会。

实际上，日本能够主动开国有一定的社会环境基础。早在佩里出现的几十年前，日本的改革开放就已经开始了。在一所 1838 年开办的具有影响力的学校中，荷兰人培养了数以千计的日本贵族。在 1839−1842 年中国鸦片战争期间，德川幕府意识到了西方力量的强大。鸦片战争后，魏源编撰了《海国图志》，系统地介绍了世界历史地理，然而此书出版后在中国几乎无人问津，其中对西方“蛮夷”的赞美之词被视为离经叛道。但是《海国图志》在日本却成为畅销书，一共印刷了 15 版，许多日本人通过此书了解了世界，开阔了视野。因而随着佩里的到来，日本与美国签订通商条约就是水到渠成的事情了。

废除封建

对外开放是日本近代转型的必要条件，却不是充分条件。当时，日本被分成几百个领地，由被称为“大名”的地方诸侯治理。欧洲高度封建社会的糟粕在日本体现得最为明显。日本处于封建割据状态，缺少一个有力的中央政府。

1867 年，明治天皇登基，末代幕府德川将军放弃权力，大政奉还天皇。明治维新中的主导力量是下级武士。下级武士虽然也是武士，但在幕府严格的等级制度之下，下级武士处于上级武士的压迫之中，而且理论上下级武士永远不可能成为上级武士。拥有一定的地位，但又处于压迫之中，藩镇制度日益腐朽，无法满足日本成为一个强大国家的需要，正当此时，西方列强的“黑船”造访日本，让一些怀有抱负的下级武士感受到了国家的危机，在这种背景下，下级武士主导了一次次的“尊王攘夷”运动。今天看来，“攘夷”太过保守，不符合“改革开放”的历史潮流；但“尊王”具有必要性，正是因为“尊王”运动，日本才迅速且较为和平地结束了封建割据的状态，在名誉元首——天皇和统一国家的旗帜下迈入了近代国家的行列。实际上，在近代史上成功建立君主立宪制的国家都与重塑中央政权的合法性、结束封建割据密切相关。日本天皇原为加强中央集权，但由于历史上的虚君传统，这样的集权过程必然伴随着各种约束和限制，需要与不同阶层达成妥协，使得立宪成为可能。

明治维新后，日本没有走回头路闭关锁国，而是继续幕府的开国国策，通过借鉴欧美经验取得了经济上的成功。日本通过废除领地间的关税，建立起全国性市场，并且修建铁路网。所有封建领地都交给天皇，随后对农民的土地所有权进行了确认，现代产权形式得以创立。明治维新最主要的成就之一便是构建国民，使国家建立在个人之上，废除封建割据以及人民对于藩镇的依附性，由此建立起一个统一的现代民族国家。随着身份制的废除，许多下级武士甚至平民出身的人也得以接受高等教育，成为大臣，或进入新式军队，成为高级军官。通过构建现代国家制度，日本形成了一种正向淘汰机制，使得有能力的人能够脱颖而出，这些反过来又增强了整个国家的凝聚力。

可以说，外部的战争环境也在倒逼着日本的变革。岛国日本面临着改革或者灭亡的选择，日本选择了主动变革，制度上的成功转型增强了国家的汲取能力。在以前，只有武士阶层才能参军，明治维新后，平民也可以参军，日本的军事力量大大加强。为了支撑巨大的军费开支，日本人民更是勒紧裤腰带省吃俭用，因为他们省下的每分钱都可以用于增加自己家人所在军队的补给，日本军人也感受到了这份来自家人的期望而不惜以肉身充当炮灰。正因如此，他们虽然很弱小、很贫穷，但却建成了当时世界上最强的海军舰队之一。

应该看到，在当时军国主义的大背景下，国家利益、集体利益位于个人利益之上是流行的观念。民族主义虽然能够凝聚共识，却并不必然带来现代性政治。直至“二战”结束后，日本才由现代化走向了现代性，政制更加成熟，民众获得了更多的政治权利，日本转向专注于经济发展，实现了和平崛起。“二战”后，随着日本的国策由“强军”转向“富国”，1950–1990 年，日本的人均收入保持 5.9% 的增速，1953–1973 年更是达到了年均 8% 的高速增长。

科教兴国

日本具有重视科教的传统。德川时期的日本就在科技方面取得了进步。但由于日本人多地少，当时日本的农业技术主要着眼于劳动密集型产业，以雇用更多的劳动力。这类似于中国的情形。唯一例外的是日本米酒，建立起了资本密集型产业。因为政府限制米酒生产，规定了酿酒厂的工作时间，这一限制导致工厂要力争在规定的时间内提高产量，因而工厂设计更加注重生产效率。

就农业社会而言，日本具有非常高的入学率。1868 年，有 43% 的男孩和 10% 的女孩入学就读，学习阅读和算术。超过一半的成人具备读写能力。以求知和消遣为目的的阅读行为十分普遍。对于大多数人来说，买不起昂贵的书籍，但是可以从书店里租借图书。1808 年，仅江户一地就有 656 家租书店，为大约 10 万户居民提供图书。教育普及率较高，很可能是因为日本经济的商业化程度较高，德川幕府时期，大约 15% 的日本人住在城市里，江户（现在的东京）的人口达到 100 万，大阪和京都各有 40 万人，位居世界上人口最多的城市之列，其城市化率高于同时期的中国。这些为日本后来的腾飞打下了基础。

明治维新后，日本政府开始推行义务制小学教育。到 1900 年，90% 的学龄儿童入学就读。政府还创办了一些中学和大学。但由于数量有限，竞争非常激烈，成千上万的日本人前往国外学习。相比其他后发国家，日本发展教育的时间要早得多。大众教育是日本能够成功采用现代技术的重要原因。

更为重要的是，日本具有一种虚心学习的心态。现代化在很大程度上也是西化的过程。许多非西方国家被动挨打、忍受屈辱，在经过漫长的挣扎之后，终于实现了民族独立，最后走上了现代化之路。这条现代化之路是被动而痛苦的。只有少数非西方国家主动学习、锐意变革，主动转型为现代国家，作为东方国家的日本便是一例。日本对于西方的学习是真诚的，正如他们曾经以及现在对于中国传统文化的学习一样。危机意识激发他们自强，他们以一个小国的姿态去学习其他大国，吸收他国文化的精华，却未曾失去本民族的精神。

政府主导

作为后发国家，政府在推动经济发展中的作用不可忽视。日本政府侧重于服务、支持和协调，内务省和通产省的产业政策在日本经济发展初期扮演了重要角色。

19 世纪七八十年代，通产省就建立起了日本的铁路网和电报通信体系。

1903 年，日本出于战略目的建立了八幡钢铁厂。钢铁厂归属国有，在最终实现盈利之前一直接受政府补贴。

日本还通过政府采购促进一些重点工业（比如汽车、卡车和飞机）的发展。直至今天，日本人以开日本车为主仍是一种习惯。

通产省在日本战后的工业化进程中发挥了重要作用，其主要关注两大类问题。一是对银行体系的控制和调拨外汇的权力。二是生产规模。重工业尤其需要规模化生产，这有利于提高产业竞争力，降低成本浪费，避免过度竞争。日本的钢铁产业取得了巨大成功，一个重要原因就在于通过大规模、资本密集型生产，做到成本最小化。在1950年左右，钢铁有效生产的最小规模是100万吨－250万吨。大多数美国工厂的规模都超过了这个标准，但只有一家日本工厂（八幡钢铁厂，生产能力为180万吨）在这一范围之内。日本其余的钢铁厂产量都没有超过50万吨。这导致日本的钢铁价格比美国或欧洲至少贵了50%。为此，通产省开始重组日本的钢铁产业。到1960年，日本的现代化、大规模钢铁厂的生产能力提高到2200万吨。到了20世纪70年代，虽然日本的工资大幅提高，但日本依然是世界上成本最低的钢材生产商。1975年，日本的钢产量超过了1亿吨。

作为东方国家，日本体现出了自身的发展特色，那就是对于某种集体精神的重视。除了政府帮扶企业之外，日本的大企业虽然多为私有，但其运转却像个国企。企业内部，大企业的终身雇佣制保证了上班族一辈子的铁饭碗。日本是大家一同富起来的，而不是一部分人先富起来。在日本最繁荣的时期，失业率几乎等于零。日本和中国一样，是储蓄率较高的国家，这保证了充足的流动性，可以抵御突发的经济危机。

财团在日本经济的发展中发挥了重要作用。财团通常是以横向联合的方式、由三个核心部分组成：主力银行、综合商社、大型制造企业。以三井财团为例，樱花银行是其主力银行，三井物产是综合商社，而索尼、东芝等是具有代表性的纵向发展的制造企业集团，通常称为企业系列。财团最大的意义就是能建立庞大的生产体系，分工合作，避免竞争，力求共赢。

藏富于民

政府主导的模式有利有弊。20世纪90年代，日本的经济直逼美国。

当时美国一些报纸的社论和评论员文章纷纷表达了忧虑：事实证明，美国的经济模式比不上日本的管制型模式。然而，这些评论墨迹未干，日本经济就出现了停顿，日本经济经历了“失去的二十年”。近年来，日本在政策上逐渐向小企业倾斜，控制垄断，以促使经济复苏。

其实日本经济增速的放缓也是一种必然，因为之前处于赶超阶段，经济增速快，当日本的经济水平已经达到发达国家水平后，自然增速就放缓了。

值得注意的是，在“失去的二十年”，日本依然保持了一个富裕社会。日本依然是平均寿命最长的国家，是使用 iPhone 手机比率最高的国家，日本电视台全面进入数字时代，以高速公路、铁路、新干线和航空运输构成的交通网络几乎覆盖了日本的每个角落，基础设施毫无破败的痕迹。

实际上，对日本“失去的二十年”的界定是以 GDP 增长率为基础的，在 1991–2000 年，日本 GDP 的平均实际年增长率是 1.4%，低于所有发达国家。在 2001–2010 年，日本 GDP 平均实际年增长率进一步下滑到 1% 以下。但日本的劳动生产率在“失去的二十年”却出现了大幅提高。日本劳动力人均 GDP 在 2000–2015 年累计增长了 20%，远超过美国的 11%。与之相对应的是，在“失去的二十年”，日本人平均工作时间出现了大幅下降。根据日本厚生省报告，1990 年日本人平均每月工作时间为 171 小时，2013 年为 149 小时，近年来工作时间有所增加，2018 年为 166.5 小时，但仍低于 1990 年的水平。这意味着闲暇时间的增多，生活品质的提高。

今天，日本依然保持着经济上的强大实力，究其根源在于藏富于民。20 世纪 80 年代股市泡沫和房产泡沫，使日本许多家庭失去了一大笔纸上财富，但是日本家庭不包括房产在内的金融资产的积累并没有停滞，而是出现了显著增长。1990 年日本家庭平均金融资产是 1350 万日元，2015 年是 1810 万日元。日本家庭 2015 年金融资产的中值是 1050 万日元，这一数据意味着日本一半以上的家庭拥有 1050 万日元的金融资产，财富分化不严重。

同是东方国家的日本的现代转型经验值得我们借鉴。

历史之镜

大一统的制度基础

近代以来，建立统一的民族国家是西方国家的主要任务之一。然而自秦始皇统一天下以来，中国就形成了“大一统”的国家形态，虽然其中有过分裂，但是中国的主体得以延续和发展。现代民族国家主要建立在主权和法权理论之上，那么是什么样的制度基础支撑了中国的大一统呢？

皇权专制的人治主义

春秋战国时期，战争不断，具有实用主义倾向的法家学说，逐渐在百家争鸣中胜出，帮助秦国发展壮大。回应人们对统一的渴望，许多主张统一的学说也纷纷登场。邹衍提出了五德终始说，对后来皇帝制度的建立影响最深。秦统一天下后，为了表示唯一的统治君主的新地位，采用了“皇”与“帝”相结合的称呼，“皇帝”由此诞生。

秦始皇颁布“挟书令”，确立了法家学说在意识形态领域的统治地位，原本在社会上具有广泛影响的儒家学说受到排挤。但是，秦二世而亡，法家学说的弊端日益凸显，主要体现为过于严苛而缺乏社会整合能力。汉朝初年吸收秦朝灭亡的教训，奉行黄老哲学。然而黄老哲学只能起到过渡性作用，无法支撑起大国治理。汉武帝一改以往韬光养晦的国策，推动汉帝国的强势崛起。儒家中的实用主义因素吸引了汉武帝，他下令置五经博士。所谓五经，即《春秋》《诗》《尚书》《礼》《易》五部儒家典籍。同时，大量儒生出任中央、地方要职。不过，虽然汉武帝采纳了董仲舒“罢黜百家，独尊儒术”的建议，但此时的儒家已经脱胎换骨，融入了法家的元素，其实质在于强调臣属对君主的忠诚，维护君主专制。

西汉末年，王莽篡位，他奉行极端化的儒家思想，推行一系列复古的政策。但这些政策不切合实际，实施效果很不好，王莽的新朝很快就灭亡了。东汉政权建立后，汉光武帝废除了由王莽增设的古文经学博士，重新确立了今文经学在意识形态领域的统治地位，杜绝儒生利用“古礼”干预政务，同时以皇帝的身份引导儒学的发展。

以儒家学说为基础，中国建立起了一套家国同构的伦理体系。在国家层面，强调通过士大夫共同体强化内部认同以及约束，实际上是一种意识形态对统治阶层的约束；在家庭层面，注重于日常伦理规则的约束作用。同时，这两个层面的基本内核又是一体的，即以差序格局为基础的礼，把道德泛化到社会的各个层面，构成了一种道德意识形态。差序格局与皇权专制相呼应，为皇权统治提供了稳定的基础。“差序格局”一词是费孝通提出的，旨在描述亲疏远近的人际格局，如同水面上泛开的涟漪一般，由自己延伸开去，一圈一圈，按离自己的远近来划分亲疏。在政治结构中也是一样，以皇帝为核心，一圈一圈扩展开去，按照离皇帝的远近形成等级秩序。这种结构特别强调中心意识、集体主义，处于不同位置的人对应着不同的权利义务，通过身份制和官本位维护君主专制下的社会稳定。

皇权专制的人治主义维持了前现代中国的大一统形态。历史上，欧洲国家之间战争不断，反而发展出了规则意识和权力制衡意识，而中国的大一统则需要人治来维系。皇权专制的人治主义的弊端，主要体现为人事上的任人唯亲与行政上的恣意专断。

郡县制的行政结构

对于大国而言，中央与地方关系尤为重要。实际上，郡县制早于大一统而出现，甚至可以说，郡县制的试点是大一统的基础。“武王伐纣”的重要寓意在于证明了革命的正当性，有道可以替换无道，诸侯可以反抗中央。因而，强大的诸侯始终是中央政权的威胁。周初依然实行分封制，不过大多数诸侯的封地都很小，而且诸侯之下还要逐级分封，这样诸侯国就不足以对抗中央。与这种分封制相呼应的是一套礼仪体系，通过“礼”来压制分裂反抗的“力”。随着东周把国都迁往中原地带，东周朝廷难以凭借地理优势建立起强大的中央政权，而沦为象征性的存在，此时一些诸侯国发展壮大起来。大的诸侯国之间难免互相争霸，为了取得霸权，一些实用主义的理论开始登上历史舞台。对于诸侯国的内部治理而言，郡县制打破了分封制的局限，可以更好地集中整个封国的力量，实行全民皆兵，最终在诸侯竞争中取得优势。秦国在这方面做得最好，并取得了最终的胜利。

公元前 221 年，秦始皇统一六国，如何管理这个领土广博、民族众多的国家，成为一个棘手的问题。秦始皇采纳廷尉李斯的建议，沿用郡县制，“不立尺土之封，公天下为郡县”，这一年即分天下为 36 郡，京师所在地称为内史，与郡同级，全国共划分为 37 个郡级政区。秦朝实施郡县二级行政区划制度，以郡统县，郡县首长由中央政府任命、监督和考核，不再世袭。这是郡县制在中国确定的标志，虽然之后也出现了一些分封，但是郡县制作为基本的行政区划框架未受到影响，这一制度对今天仍有影响。

郡县制的出现主要是为了解决古代王朝的统治问题，加强中央对地方的控制，是一套从中央贯彻到地方的统一行政系统。郡县制主要具有以下特征：

第一，郡与县都是由中央政府直接管理的行政区划单位和地方政府层级。郡县制之前，中国社会的国家形态是松散自由的，类似于今天有些国家的联邦制或邦联制。郡县制诞生之后，如司马迁所讲："海内之郡县，法令由一统。"无论哪里的郡与县，都只是中央政府派出到地方的行政管理机构，必须严格服从中央政府的统一命令。

第二，推行郡县制之后，领地与食邑被废除，附着其上的贵族，也随之消亡。中央政府通过派遣官员直接征收赋税与征调劳役，掌控了全国的财政大权。

第三，郡县制下的官员不可世袭，而是朝廷派遣下来的职业"命官"。这样，与皇权专制相呼应，形成了中央集权的官僚制。

在《通典》里，杜佑研究了以郡县制为中心的九大制度，即州郡、食货、选举、职官、礼、乐、兵、刑法和边防。这九大制度，构成了中国古代治理体系的核心内容，形成了"事在四方，要在中央"的治理模式。当然，郡县制从理论上讲弱化了分封制下的分裂风险，强化了中央集权，但在实践中，如果中央政府的统治者过于孱弱无能，依然会出现分裂割据的情况。

与郡县制相呼应，古代中国实行任官回避制度，也就是官员不在出生地任职。这一规定，可以一定程度地避免裙带关系，但由于地方官不是来自于本地，与地方关系生疏，大多把地方任职作为跳板，容易出现短期行为。

在郡县制之下，有"皇权不下县"的说法，即县以下没有正式的行政组织，也没有中央政府任命的官员。在基层，主要由地方士绅以儒家伦理和地方性知识实行治理。

郡县制存在的弊端主要有：

第一，巩固了君主专制，地方的各种权力都收归中央。由于并未建立起中央与地方的合理分权机制，缺乏缓解冲突的中层机制，一旦爆发矛盾，就会导致全面危机或政权解体。古代中国陷入“治乱循环”之中，与此不无关系。

第二，导致地方官只对君主负责而对下不负责。地方官的荣辱升迁，完全取决于君主的意志，所有的激励、约束机制都来自上面，地方官没有关心地方利益和民生的激励，加上升迁无常，和百姓“泛而不亲”，有人甚至“侵百姓以利己”，从而无法实现对地方的有效治理。

明末清初的顾炎武指出，“郡县之失，其专在上”。可以说，郡县制的主要特点和缺点都在于中央集权。顾炎武进一步提出，“寓封建之意于郡县之中”，这一观点含有地方自治的精神，应成为中央—地方关系转型的方向。

编户齐民的社会控制

维护大一统的政治体制需要相应的社会结构基础。基层社会的编户齐民体制与大一统帝国深深契合，使得帝国统治更加稳定，不易瓦解。编户齐民，即国家通过编户统一管理居民。战国时期，秦国为了能够最大限度地动员全国人力参与国家建设和对外作战，对全国百姓进行编户，建立了较为完备的户籍制度和徭役征募制度。秦国广大农村人口每5家编制为“伍”，伍设伍长；每10家组成“什”，什设什长；每50—100家为“乡聚”，乡设乡官；再集乡邑聚为县。从伍、什、乡到县，组织严密、层级分明，就像一张网，把所有户头与人口网在其中。原来分封制下的贵族子孙，也要以独立身份进入“什伍”行列，接受政府官员的管理，承担起国家规定的税赋劳役。这种制度，使得秦国的兵源和劳动力的征调有了保证，秦国可以集中人力进行战争和修建关乎国家发展的重要工程。秦统一六国后，又对原来六国的百姓进行了编户，使秦朝可以调动全国的人力资源。

郡县制的行政结构以编户齐民为基础，二者相互促进。编户齐民制度是普遍税收的前提，没有这种普遍的税收制度，中央集权—郡县制是无法维持的。编户齐民制度也为足够的兵源、社会精英的广泛来源以及社会基层的自治提供了条件和保证。[1]如果国家遇到动乱，编户齐民也更有利于国家恢复统治和稳定。

另外，齐民制度，顾名思义，就是使平民基本平等。齐民制度为中国大多数男性庶民提供了成为各级政府官员的政治资格，在法律面前受到基本同等对待的法律身份，以及从事各种经济行为的资格。然而值得注意的是，“齐民”并不是以发展人民的自由、平等为目的，而是为了把几乎所有人民纳入国家的生产体系中，成为国家的劳动力。

以农立国的经济基础

农业是大一统政治体制的经济基础。在春秋战国高度竞争的环境里，出现了强烈的重农思想。这主要是由于：一方面，在工业尚不发达的社会，农民可以为战争提供粮食；另一方面，农民往往附着在土地上，利于动员，从而成为重要的兵源。在大一统之后，这种重农思想延续下来。

古代中国以农立国，始终以农业经济为基础，重农抑商。这固然与生产力发展水平有关，但也与社会控制有关。大一统国家的治理模式与

[1] 参见韩水法：《现代民族—国家结构与中国民族—国家的现代形成》，载《天津社会科学》2016 年第 5 期。

小农生产方式相适应，提倡分散式的农业劳动，并通过编户齐民把人固定在土地上，强调“地不动、户不动、人不动”，防止民间有组织的力量的形成。这种体制在中国古代起到了维持社会稳定、保障国家税收的作用。在小农经济下，农民缺乏自组织性，在平民与皇帝之间缺乏稳定的中间阶层去制约皇权专制，因而历代统治者都愿意维持这种经济形态，而对于更趋向自由的商人阶层持打压态度。在这种制度背景下，人们愈发重视土地，即便是大商人，在发家之后，也倾向于购地置业而成为地主。这种体制限制了生产力的质的飞跃，把人们固化在了土地上，是中国近代以来落后的根源之一。

相比之下，分封制更利于城市的发展。在欧洲封建制中，贵族掌管着地方的农业经济，国王为了扩大权力便逐渐重视城市，城市得以逐渐繁荣起来，但是城市和商业的发展却动摇了王权的基础。同时，分封制往往实行长子继承制，这使得富裕家庭的次子、幼子向城市工商业转移，成为优质商人，提高了商业质量。

以文化为基础的国家认同

中国的大一统与意识形态紧密结合，以文化为基础形成国家认同。古代中国虽然强调家族在社会治理中的作用，“国”是由“家”扩展而来，但是中国传统的国家认同，主要不是以“血缘族群”为基础，而是以“文化”为基础，强调的是一种家国观念。直到中国遭遇了与其文化不同的西方列强，这个时候才真正激发出基于民族认同的国家观念。

中国传统的国家认同具有以下基本特征：

第一，以“德政”为核心的文化认同。这包括两方面：一个是对内的“为政以德”（《论语·为政》），一个是对外的“怀远以德”（《春秋左传·僖公七年》）。国家德性在内政上表现为“为政以德”，在外交上表现为"怀远以德"。首先，关于"为政以德"。西方古典政治哲学早就强调了国家的德性，柏拉图和亚里士多德对城邦国家的探讨涉及的一个重要问题就是"正义"（"公正"）。但是西方古典政治哲学，并未把国家德性作为国家承认的基础。然而在中国传统儒家政治哲学中，国家德性是国家承认的唯一重要基础。孟子把"仁"的概念引入国家政治学说，发展成"仁政"，把君主政治发展为"王道"（《孟子·公孙丑上、梁惠王上、滕文公上》），从而丰富了"以德治国"的内涵。其次，关于"怀远以德"。孔子说："夷狄之有君，不如诸夏之亡也。"（《论语·八佾》）孟子说："吾闻用夏变夷者，未闻变于夷者也。"（《孟子·滕文公上》）"《春秋》内其国而外诸夏，内诸夏而外夷狄。"（《春秋公羊传·成公十五年》）此谓"夷夏之辨"。所谓"夷夏"，并非以血缘和地缘区分，而是以野蛮和文明划界。若无道德礼义，我们就可以把它看作"夷狄"；若有道德礼义，我们就可以把它看作"诸夏"。所谓"怀远以德"，也就是说，当一个国家具备德性时，就会"四方来朝"，以"中原"为核心，形成一个"朝贡体系"。古代中国有传统意义上的"天下"概念，但却无现代意义上的"国家"概念。对世界的认识主要局限在以中国为中心和周边国家的范围内。

第二，以士大夫为砥柱的文化精神。构成中国古代社会之官僚制主体的士大夫阶层，既是中国古代社会稳定的阶层，也是文化认同依赖的基础。无论哪个王朝统治，都离不开士大夫，士大夫也可以为任何统治者利用。打天下靠武夫，治天下靠文士。士大夫阶层对德政观念的认同，强化了德政的主导地位。

近代以来民族国家的特征，主要是中央集权、官僚体制、民众认同。起码前两个特征在中国古代社会就形成了，秦统一确立了中央集权，古代中国通过科举制度完善了官僚体制。但是古代中国面临的一个难题是，"合久必分，分久必合"，这一循环逻辑揭示了中国古代的"大一统"无法彻底避免国家分裂的危险。统一的主权被视作近代以来的国家不可或缺的因素，分裂的倾向构成了对主权的威胁。但中国的分裂却始终没有动摇中华民族的观念，在短期的分裂后，往往走向长期的统一。在中国历史上，总的来说分少合多，这是因为在世俗的政权上，还有一个文化的“中国”概念。

大一统国家的现代转型

皇权专制的人治主义、郡县制的行政结构、编户齐民的社会控制、以农立国的经济基础和以文化为基础的国家认同，构成了大一统的治理基础。在皇权专制时代，“大一统”有利于避免内战和生灵涂炭，具有积极意义。中国这个早熟的国家形式，维持和发展了2000多年，可以说既体现出了奇迹般的延续性，也具有僵硬的停滞性。今天，中国面临着现代转型的任务。中国的现代转型是要找到适合自己的现代化之路。

帝国伟业与财政约束

财政关乎国家的命根子，财政问题解决不好往往会引起政治危机，这在中国历史上并不鲜见。中国历史有一个显著的特点就是治乱循环。每个王朝初期，休养生息，四海升平；王朝中期，国力强盛，威德四播；王朝晚期，流弊丛生，战乱四起。中国的古代社会就是在不断的朝代更替中存在的。而治乱循环问题多少又与财政问题挂钩。

虽然“普天之下，莫非王土；率土之滨，莫非王臣”，但是一旦面对征税，统治者与其人民就变成了某种对立关系。老百姓渴望少交税，在老百姓眼里，轻徭薄赋等同于明君，苛捐杂税等同于昏君。如果在平时倒也无妨，一旦遇到天灾人祸、对外战争，统治者往往会在财政上捉襟见肘，于是乎内外交困、祸不单行。中国虽然自古就是一个泱泱大国，但中央政府的财政汲取能力却很孱弱。古代中国一度是全世界最富裕、最发达的国家，各种工艺和科技都居于世界领先地位，但不幸的是，国家财政却经常处于入不敷出的状态，形成令人相当无奈的局面。这种状况缘于国家财政机制与大国形态之间不可调和的矛盾。当出现财政危机时，国家一般不是靠鼓励生产以增加税基，而是靠垄断商业和增加税率，这种杀鸡取卵的做法，最终只能抑制经济发展。

可以说，财政危机是观察中国历史朝代更替的一个重要线索。

国富还是民富

汉武帝登基后，一改文景之治时期的内敛低调，使通过文景之治形成的经济积累转化为政治上、军事上的积强之态，汉帝国强势崛起。

汉武帝文治武功的财政需求比秦始皇要翻倍，但是汉武帝时期的赋税水平并不高。汉初在经济上推崇轻徭薄赋，一方面废除了关口和桥梁的通过税，另一方面开放了山泽让人民垦殖。汉武帝之前的税赋只有四项：一是田租，自景帝以后确定为三十税一。二是算赋和口赋，算赋是每人从十五岁到五十六岁年纳一百二十钱，商人与奴婢加倍；口赋是针对未成年人的，每人从三岁到十四岁年纳二十钱。三是郡国收来贡给皇帝的献费，每人年纳六十三钱。四是市租，专为商人而设。汉武帝时只是把口赋增加了三钱，另外还增加了两个新税种：一是舟车税，民用小车和五丈以上的船每辆纳一百二十钱，商人加倍；二是工商的货物税，商家的货品抽价值的百分之六，工业品减半。总之，以上这些税都算不上横征暴敛。

税率不高，而农业生产也没有突破性发展，税基无法扩大。在这种情况下，武帝的财政汲取瞄准了工商业，主要有两个途径：新货币政策和国营工商业。武帝时期创办的国有企业包括国有专营的实业和国有非专营的商业。国有专营的实业主要是盐、铁和酒。国有非专营的商业包括均输和平准。

武帝之前的汉代，不仅中央政府铸币，私人和诸侯国也铸币。武帝实行币制改革，集中货币发行权，严禁各地方政府铸钱。虽然中央政府统一铸币可以防止劣币出现，但随着铸币权国有化，在政府财政紧张之时，也会通过发行成本低而定价高的新币来“侵夺”民间财富。

文景之治时，推崇黄老思想，政府从国民经济领域基本撤出，让人们自由发展工商业，因战乱而受到影响的经济得到恢复和发展。武帝时期连年对外征战，战争给商人带来了大发横财的机会，特别是制铁业者。后来武帝看中了这个挣钱的行业，于是对盐、铁实行政府专卖，以解财政之急。然而盐、铁业都需要专业知识，政府只能将原来民间的大盐商和制铁业者任命为政府的盐铁专营官吏。由于人们的需求多元，各地需要不同品种和规格的铁器，但制铁业国营之后，铁器的品种大大减少。官营商业效率低的毛病也逐渐暴露出来，为了获利，只能降低商品质量或提高商品价格，民间抱怨不断。在盐铁专卖不足以解决财政之需时，专卖的范围又扩大到了酒类。

当时郡国每年都要向皇帝贡献土特产，这些贡品由于路途遥远而经常半途毁损，且运费昂贵。于是有人建议武帝，可以不把贡品直接送到京师，而是送到市价较高的地方卖掉，得钱归公，这就是均输。另外，武帝还在京城设立了一所“国立贸易局”，网罗天下货物，贱买贵卖，称为平准。平准对普通商人构成了不正当竞争，许多商人因此而破产。

国有专营控制了大宗商品的流通和生产两个环节，这种国家垄断商业的后果之一便是走私的正当化。私贩国家垄断商品虽然是违反国法之事，但却是人民所需。私贩的价格一般低于官府同样商品的价格很多，但依然有利可图。违法商人可以拿出一部分钱贿赂官府以求得保护，这样销赃、贩赃、保护伞形成了一条食物链，消费者、商人、官府之间形成了一种共谋的关系。国家的行为制造了违法，并且使人们默许这种违法，这真是一个天大的讽刺。国家垄断的最重要后果当然是钳制了良性经济的活力，伤害了百姓的利益和朴素情感，动摇了社会信任的基础，最终也伤害了国家的利益和秩序。

武帝去世后，要求废除盐铁专卖的呼声兴起。在昭帝始元六年（公元前 81 年），召开了著名的盐铁会议。对垒双方是，当朝官员桑弘羊一派和清流知识分子贤良文学一派。在财政问题上，前者主张实行盐铁的国有专营以增强国家财政能力，而后者则主张藏富于民，但后者代表儒家思想，强调“重义轻利”。桓宽的《盐铁论》详细记述了这场讨论的经过。双方的辩论内容可以摘要为以下几个方面。贤良文学的观点：（1）主张以仁义化民，不与民争利。因为与民争利的后果是民风的败坏。同时，贤良文学持一种“重义轻利”的主张，他们引用孔子的话：“有国有家者，不患寡而患不均，不患贫而患不安。”（2）汉武帝时实行盐铁专卖主要是为了应对战争所引起的财政危机，但是贤良文学则从仁义出发，反对战争的发生，认为只要用仁义去感化就可避免战争的发生。因而也就根本不需要为了筹措战争经费，实行盐铁专卖。（3）主张藏富于民。可见，贤良文学派的观点并不切合实际，也不利于商业发展。另一派御史大夫桑弘羊的观点：（1）强调政府管制的作用。（2）强调国家的财政政策要服务于统治的需要。由于当时汉朝对外的大型战争已经停止，大额财政支出得到了控制，宫廷也提倡节俭，因而盐铁会议后，主政的霍光废除了酒的专卖和关内铁官，但依然保留了其他政策。可见，一旦政府尝到甜头，也不愿为了民间利益而轻易放弃特权。

儒家政治思想虽然不重视商业，但是反对与民争利，虽然汉武帝采纳了董仲舒的建议，但其并非一个真正的儒者，他一直用法家理论统治，只不过打着“儒家”的旗号。汉武帝重用的是酷吏义纵、王温舒，商人出身的桑弘羊、孔仅等。他还穷兵黩武，在经济政策上的与民争利也是汉武帝反儒家的体现。

汉武帝的经济政策是国家主义思想的反映，经常被后世所效仿，由于民间商业不受鼓励、人民的经济安全没有根本保障，中国古代经济难以出现突破式增长，始终无法跳出农业社会，发展到更高层次的经济形态。而在这种情况下，国家的财政就只能依赖农业，许多时候财政负担达到了农业生产力的极限，国家与人民在经济上形成了一种零和博弈的关系。再看比中国汉代更早的古希腊雅典，梭伦改革采取了一系列有利于发展工商业经济、保护新兴工商业者的政策措施，如提倡学习手工技术、欢迎外邦手工艺人的移民、鼓励手工业品的出口等，结果是扩大了税基，藏富于民而国愈富。

帝国伟业与财政约束

战争是古代帝王展示自己功业的最好方式。隋炀帝的继位充满了争议，为了排除非议，展示自己的才华，隋炀帝致力于开疆拓土和修筑运河的伟业。

大业元年（605 年），隋炀帝刚一即位，就征发百万士兵和夫役，修造通济渠。同年又改造邗沟。大业三年，又征发百万民工开凿永济渠。大业五年，沟通长江黄河。至此，大运河工程基本完成。大运河纵贯中国最富饶的华北平原和东南沿海地区，成为南北交通大动脉。

大业五年，炀帝亲征吐谷浑，拓地数千里，打通丝绸之路。大业六年，隋又设置了伊吾（哈密）等郡。除向西北开拓疆土之外，炀帝还向南进军，将领土扩大到中南半岛的安南、占婆（今越南地区）及中国台湾等地。

炀帝在位 14 年期间，多半时间都在巡游的路上度过。炀帝巡游不仅是为了贪图享乐，也有安定边疆的意图。从大业五年开始，炀帝的西巡历时近 10 个月，行程数千公里，途经今陕西、青海、甘肃等地区。这次西巡取得了积极的效果，解决了长期以来中西交通不畅的问题，但是代价也很大。在此期间，既有千军围猎、陈兵讲武，也有歌舞盛典、优抚耆老。

为了显示大国风采，大业六年，炀帝把西域诸国的使节和商人会集到东都洛阳，征集四方奇技异艺者前来表演，戏场周长达 5000 步，演奏乐器者多达 18000 人，整整持续一个月，耗费财富无数。此后，这种大型集会每年举行一次，成为例行娱乐。

炀帝为了满足虚荣自大之心，可谓不惜血本。他还下令整顿修饰洛阳临街的店铺，屋檐要整齐划一，墙上要挂帷帐，屋里要堆满奇珍异宝，店员要干净漂亮，连卖菜的小贩都要垫上龙须垫（一种用龙须草织成的席子）。为了显示隋朝的富足，下令胡人客商在饭店吃喝一律免费。虽然有穷人衣不遮体，但是却把丝帛缠在树上作为装饰。炀帝的做法的确达到了威服四夷的目的，但是广大人民却为此付出了沉重的代价。

炀帝好大喜功的致命行为是征讨高句丽。大业六年，炀帝准备征讨高句丽。炀帝为了战争不计成本。他下令征收全国富户的军赋，让他们购买战马，一匹马价值高达 10 万钱，又派使官检查兵器，务求精制新造，如果发现粗制滥造，就立即处斩使官。

大业七年，炀帝命令建造海船 300 艘。为了讨好炀帝，加赶工期，官吏监督工役极其严厉，匠役们昼夜站在海水中，不敢稍微休息，导致腰部以下都开始腐烂生蛆，死亡了十分之三四。炀帝下诏征调全国的兵力，不问地方远近全部集中到涿郡。他还征调民夫以及船只运载仓米、兵器甲帐、攻城器具等到涿郡。船只依次衔接有几千里不断，经常有数十万人来往于水道和陆路的运输线上，死亡的民夫尸体就遗弃在路边。

大业八年，炀帝命令征讨大军出发。他根本不重视兵贵神速，而是每天发一军，每军间隔 40 里，分成 24 军依次前进，浩浩荡荡 960 里。这种做法意在炫耀武力，并不从军事的实际需要出发，削弱了军队的战斗力。

炀帝的这些做法反衬出他的“巨婴”心态。战争与大型工程加重了人民的负担，引致境内许多地区发生起义，最终葬送了大隋王朝。这是中国古代因财政危机而导致王朝灭亡的一个典型。隋炀帝的人生无疑是一场悲剧，他的大运河对中国的后世影响深远，但是他却因修筑大运河过程中的过度浪费而陷入危机。

惠民之政变成厉民之政

王安石变法就是好心办坏事的典型。

青苗法是王安石变法的重要内容之一，即由政府以低于私人借贷的利率向农民贷款，农民以地里的青苗为贷款做抵押。青苗法的具体做法是，每年青黄不接时，由官府向农民贷款，秋后农民再连本带息一并归还官府。官府借出余粮，可解农民燃眉之急；秋后收回利息，可增王朝国库之资。

王安石推行青苗法是为了防止民间的高利贷，但是在许多实行青苗法的地方，春天时真正需要贷款播种的农民得不到"青苗钱"，而那些不需要贷款的殷实农户反而被迫接受青苗钱，秋天时再以高于法定利率的数额被逼还款。为了推行新政，王安石还给地方政府下达了贷款指标，地方官只好硬性摊派，而不管农户是否需要。层层摊派的同时，还层层加码。结果是，除了过手的官吏，农民并没有从中受益，惠农的新政也成了扰民的举措。

青苗法失败的根源在于王安石没有选择独立的金融机构，而是让官吏办理借贷之事，这给了有的官吏通过权力压榨民脂的空间，将青苗法搞成了"害民之法"。

再如"均输法"与市易法，其目的在于平抑物价、抑制大商人对百姓的垄断与盘剥。但这项政策用官商代替民商，使国家垄断了市场、货源、价格。普通商人无论大小，要做生意都得先过政府官员的审批关口。交易费用由于贿赂官员而大大增加，导致物价上涨，结果最大的受益者是少数掌握交易权的官员。

又如“免役法”，用交钱代替差役，原来享受免役待遇的官户、城市居民、女户、寺观、未成丁等也要缴纳助役钱。只有城市六等以下、乡村四等以下贫困户享受全额免纳的优惠。在定额之外，各路、州县可向富户代征 20% 的免役宽剩钱，以作灾年免征备用。这个政策的本意是减轻农民负担，使他们专事生产。但在执行中，不少地方官把乡村贫困农户提高到四等以上，城市贫困户提高到六等以上，让穷人也交免役钱。因为确定贫困户等级的权力由官员掌握，20% 免役宽剩钱又为官员任意增加免役钱的征收开了一个合法的口子。结果免役钱引起富人和穷人的一致反对。

相比之下，由人民自治而作为官方行政之补充的政策却收到了良好的效果。比如后来朱熹所创的社仓之法。但是社仓之法却未能得到很好的推广，直到 19 世纪的“善堂”兴起。

费比税多

古代中国政府强调轻徭薄赋、不与民争利，但实际的结果却往往是与民争利。

古代中国政府的正式税赋一般不高，税率在 1/10 左右。明朝时，根据《顺德县志》的记载，当时的基本税率只有 1/30，遇有自然灾害或国家大庆之事，还会减免税赋。但为什么人们普遍抱怨税收过重呢？这是因为在正式税之外还有各种费或役。1585 年，顺德县有七大项主要的役，每大项之下又有许多小项，这些役全部或部分分摊到土地上来征收。由于广东省巡按御史潘季驯积极地推动税收的简化，顺德与其他地区 20 多项附加税相比，算是简单多了。[1]

---

[1] 参见［美］黄仁宇:《十六世纪明代中国之财政与税收》，阿风等译，生活·读书·新知三联书店 2001 年版。

为何会有这么多税外的负担呢？主要是因为古代中国推崇小政府，但实际上政府所承担的职能要远远超出正式的“三定”范围。根据黄仁宇的测算，明永乐年间，中央财政支出为国家正式的财政收入的2–3倍。在地方，巡检、民兵、驿站、河道等项开支往往都要由县级政府自己解决，此外还有许多招待费用。县级政府的正式编制一般只有四位——知县、县丞、主簿和典史。这四个人往往无法应付县级政府的工作，县衙中还有许多县级官员聘任的吏胥，包括随从、护卫、仓库管理员、运河管理员等，更有甚者，有的官员还豢养戏子等。正式财政主要用于正式官员的俸给，而这个俸给水平通常很低，在明朝垮台之时，一名知府（正四品）的年俸仅为62.05两白银，一名知县（正七品）的年俸仅为27.49两白银。[1]在这种情况下，地方政府部门的大部分开支主要来源于向乡村的摊派。地方官员委任的征税代理人会定期给官员礼金，称为“常例”，16世纪中期这个数额一般不少于每年500两银子，是知县名义上的官俸的18倍左右。摊派的物资与差役不仅用来维持县衙自身的开销，而且还要分出一部分给上级部门、中央政府的派出机构以至帝都的中央政府。

明代实行军屯制度，但实际上军队远未达到自给自足，军队的大部分供应来自田赋。即便如此，有关拖欠军饷的史料不胜枚举，明代许多地方的军事防御设施严重落后。16世纪初，北方几个边境指挥部的雇用军人数量已经超过卫所正规军，军费激增。军费来自不同的税源，包括盐业专卖收入、漕粮、内地关税、官地地租、卖官鬻爵的收入等，几乎耗尽了户部筹措资金的能力。

随着时间的推移，宫廷的规模也在不断扩张之中。明朝建立之初，

---

[1] 参见［美］崔瑞德、［英］牟复礼编：《剑桥中国明代史》，中国社会科学出版社1992年版，财政部分内容为黄仁宇撰写。

1369 年，洪武皇帝限定宫廷内宦官的数量为 60 名。虽然这一数字可能大大低于实际情况，但人数也不会太多。然而到了 1443 年，根据户部的报告，宫廷宦官共要消耗 12 万石白熟米，据此可以推测宫内宦官大约为 3 万人。[1] 嘉靖朝曾努力削减宫廷人员数量，但到 16 世纪中期仍有接近 1 万人。[2] 根据丁易的估计，到明朝结束时，供职的宦官有 7 万人。[3] 到 1600 年，每年例行送交皇宫仓库的物品价值达 400 万两至 500 万两白银，这个数字还不包括杂项开支和宫中建设的费用。个别皇帝的铺张浪费贪婪地吸取着帝国的财富。

明开国皇帝朱元璋制定了对开国皇帝直系后裔实行终身供养的政策。无奈皇室的繁殖速度极快，到 1502 年，山西和河南两省的全部存留收入都不足以支付居住在这两省的亲王和皇亲的俸禄。

在中国古代中央集权的体制下，实际上是皇帝一人在监督众多的地方官员，自然力所不及。于是会出台一些比较严格的政策，但是这些政策往往没有考虑到操作过程中的不同情形，实操性较差，致使政策执行过程中的变形扭曲，从而使“上有政策，下有对策”的欺上瞒下行为成为一种常态。为了限制地方官员权力的滥用，明朝中央政府建立了定额税收制度。这种制度规定得很严格，而没有考虑实际操作中的不同情形。比如远运税粮的过程中会发生损耗，但是明代政府的收纳项目没有包含这些额外的开支。地方官员为了足额上缴税粮，只能向纳税人额外征收。

实物折现更加剧了征税系统的复杂性。明朝实行纳粮折换银、棉布和其他商品的办法，各级负责财政的官员都有权对受托从一个机构解送到另一个机构的税赋定出折算率，但这一做法从未实现制度化，政府官

[1] 《明实录·英宗实录》，第 2067 页。

[2] （明）郑晓：《今言类编》。

[3] 丁易：《明代特务政治》，群众出版社 1949 年版。

员在决定折换率时存在随心所欲的情况，同一地区甚至存在十几种折算率。有的地方折算后甚至会出现几百分之一的零头。如16世纪的嘉定县要求基本田赋中每石谷物征劳役0.0147445814487两白银，这种复杂的计算给征税员和记账者提供了营私的空间。

正税之外的苛捐杂费很不规范，很少有人能够列举出全部名目。由于缺乏有效的管理，腐败滋生。为了治理这种乱象，中国古代的皇帝们想出了各种办法，如一条鞭法、火耗归公、摊丁入亩等，试图将各种隐性财政纳入正式财政，但政府征税需要依赖地方官员和地方势力，在当时的政治体制下难以根本解决问题，从而陷入怪圈。地方官员也尝试进行改革。1547年，浙江会稽县知县试图将该地区64种税合并为三大类，办法虽然获得通过，但无奈每一类下面都有很多例外。实际上，这种例外的状况为许多人所喜欢，可以浑水摸鱼，从中渔利。在这种制度环境下，税役的负担主要落在了普通百姓身上，由于明朝轻视商业，从而过度依赖田赋，农民的负担极重。

日本学者岩井茂树将明清财政机制形容为“原额财政主义”，即在额定财政和隐性财政之间，一次又一次地扩大额定财政范围，但却无法消除隐性财政，最终帝国不得不在财政危机中走向没落。明朝的税收问题不在于名义税率过高，而恰恰在于正式税率过低。

财政困境的根源

总体而言，古代中国的财政困境的根源在于缺乏有效的财政约束机制。

首先，皇帝总是处于法律之外，成为规则的破坏者。比如乾隆时期，许多官员是因为要给皇帝进贡而腐败。即使是有道明君，由于皇帝掌握的信息有限、个人能力有限，难免会出错。更不要说有些皇帝挥霍奢靡了。

其次，并没有有效的外部机制去制衡官员的恣意行为。征税是一种由下而上的行为，县级官员直接负责税收征管，然后逐级上解；但是行政体系却是由上而下的，中央对于地方官员合规性的监管逐级减弱。由于官员的选任主要取决于上级，而非民众的认可，所以官员本能地会借助权力为自己谋取更多好处，不惜下血本讨好上级。在这种环境下，增加行政的环节无法起到制约的作用，只会导致环节越多、手续越繁、上下其手的机会越大、民众付出的成本越高。无论多严格的政策，总会留有后门，百姓只能把希望寄托在官员的操守上。

在这种情况下，逃税成为常态，国家与人民在财税问题上陷入紧张关系。为了弥补财政不足，皇帝往往通过卖官鬻爵等各种非常规手段获得收入，而这些手段进一步导致政治败坏，引起更大的动乱。

中国古代军制与战斗力

军队，既可能是国泰民安的重要保障，也可能是祸国殃民的根源。正如《孙子兵法》中所说："兵者，国之大事，死生之地，存亡之道，不可不察也。"如何保证军队的忠诚度与战斗力是一个重要课题。

家军制具有很强的战斗力

家军制通过血缘、准血缘和地缘纽带，维系部众。军队首领极具威信。首领一般将自己的亲属安置在重要军事岗位，尽量考虑用熟人和同乡。此外，还盛行以结拜为异性兄弟、收义子的方式，在麾下军人中形成一种准血缘关系。这是因为血缘和较近的地缘关系，在前现代社会，被认为是最可靠的人际纽带。正所谓"打仗亲兄弟，上阵父子兵"，这种军队的战斗力很强。

府兵制便属于这种兵制。中国西魏之时，宇文泰建立了正式的府兵组织系统，府兵属于带军籍的私兵，士兵要随将领之姓，是将领的私属。宇文泰还模仿拓跋鲜卑的八部制度，设立八柱国为执政轴心。由于府兵大多有血缘之亲，彼此感情深厚，愿意同生共死，因而保证了军队的士气，这也是宇文泰借鉴鲜卑部落兵制组建府兵的主要原因。其实府兵有些类似于西方封建社会的骑士，属于贵族的封臣和下属。

府兵也是唐朝初年的基本军事力量，在对付突厥的战争中，发挥了很强的战斗力。唐朝与突厥的战争是自7世纪唐朝建立初期同东、西突厥进行的一系列战争。战争期间，唐朝由开始的安抚和防御转为进攻，加之突厥内部的分裂和内乱，唐朝分别于630年和657年彻底击败东、西突厥，俘虏东、西突厥可汗，突厥汗国灭亡。中原军队如此痛击蛮族，在中国历史上并不多见，反映出府兵的战斗力。

家军制最大的问题在于对君主的忠诚度

家军制的战斗力很强，但是却使君权处于极不稳定状态。这种兵制最大的问题在于对君主的忠诚度。从东汉末年到唐朝开国，大部分王朝的衰亡都是源于拥兵自重的将军发动的政变。

实际上，从北周起，就开始吸收均田制的农民当兵，府兵开始向国家化方向发展。随着隋朝的建立，府兵制彻底与均田制相结合，凡是军士都可以分到一份田地，军人不再有特殊军籍，完全归属乡村的坊里管理，从此形成了寓兵于农、兵农合一的军事制度。

唐初的府兵，大部分是久经沙场的老兵。这些老兵分得了土地，受到了鼓舞。但是天下太平之后，日益倦怠。由于军府过分集中于关中，关中战乱频仍，农田荒废，生产下降。本来富庶的八百里秦川很快就凋敝了，关中地区越来越依靠南方漕米的供应。加之土地兼并加剧，结果是大批关中农民逃亡，府兵的来源越来越少，府兵制名存实亡。后来李治和武则天把权力重心向东都洛阳转移，很大程度上也是为了削弱关中世族势力的影响。

唐玄宗时期开始实行募兵制，也就是雇用的职业军人。藩镇就是募兵制的产物，但是依然有家军制的身影。当时节度使独揽一方军政财权，其职位由子弟或部将承袭，不受中央政令管辖。这导致了盛唐的衰落和五代十国的开启。

宋统一之后，在中国的历代王朝出现紧急的军事需要之时，也会出现家军，著名的如岳家军、戚家军等。但这类军队无疑会受到君主的猜忌，著名将领岳飞就是被以“莫须有”的罪名杀害的。

古代少数民族军队一般由血缘关系维系

中国古代的少数民族能征善战，其军队一般都是由血缘关系所维系，实行兵民合一的模式。比如女真人实行了猛安谋克制度，即一种兵民合一的社会组织。女真人依托这个组织，平时放牧打猎种地，战时则编队出征。

金太祖完颜阿骨打出山之后，将之整合得较为齐整，方便指挥和作战。大体而言，谋克为百夫长，统三百户，统辖的单位也叫谋克。十谋克为一猛安，猛安为千夫长，统辖的单位也叫猛安。猛安之上还有元帅或者万户，谋克之下还有更小的编制，但不是独立的单位。猛安、谋克的首领都出自部落中能战的家族，猛安、谋克则是这些家族的世袭领地。

这种模式主要适用于部落民族，在“打天下”的过程中优势突出。部落民族的军事行动不需要专门的后勤供给部门，部落赶着牲畜一起行动就是。但是这种军事制度不适合定居的农业社会，在“坐江山”时就不再具有明显的优势。在女真灭辽后，猛安、谋克就从原始意义上的军民一体组织向地方行政组织转化，猛安、谋克开始有了地方官员的官阶。

由于元朝兵力之强给朱元璋留下了深刻的印象，建朝后他对元朝兵制稍加改善，形成了卫所制。卫所自己屯垦，类似于府兵，解决了经费来源问题。但是卫所实行武官世袭，这种体制虽然对军队的稳定性有一定好处，但堵塞了优秀士兵的晋升。此外，屯垦性质的卫所逐渐变成将领的世袭庄园，普通士兵则类似于奴仆。如遇战事，屯垦供给不足、少慢差费的缺点就会暴露出来，后来终于瓦解。

清朝的八旗军沿袭了猛安谋克制度。军队组织和户口编制以旗为号，分正黄、正白、正红、正蓝、镶黄、镶白、镶红、镶蓝八旗。各旗当中因族源不同分为八旗满洲、八旗蒙古和八旗汉军。满洲、蒙古、汉军同属一旗，旗色亦相同，唯从军、入仕待遇略有不同。但是随着战事减少，八旗子弟难免无所事事，不仅弓马武艺废弛，而且斗志渐消，到了清朝中叶，八旗兵的战斗力已大大下降。

以文制武的目的在于防止军队叛变

家军制的痼疾是难以协调军政关系。古代君王往往会忌惮家军的军事首领。即便君王是行伍出身，在成为君王后也无法直接统率军队，于是难免出现君王与军队之间的矛盾。过分信任军队，就会尾大不掉；不信任军队，就会制约军队的战斗力。

府兵制停止之后，取而代之的是募兵制。无论何人，只要骁勇都可以当兵。被招募者，免去一切徭役和赋税。募兵属于雇佣兵，不再隶属军府，由国家发放一定数目的补贴。一开始的募兵也具有家军制的特征，募兵与地方势力的关系较近，而与朝廷的关系较远，安史之乱就是由这种体制造成的。但是相比于家军制，募兵内部的团结性较差。

为了控制军队，防止叛变，中国古代王朝发展出了以文制武的体制，军队战斗人员与补给机构相分离。由文官组成的兵部成为最高军事指挥机关，如明代兵部尚书名义上的职权最重。兵部不仅负责军队编制、后勤供给、军官晋升、军队训练，还负责战时的军队调动和战略制定。而武职将领则降到了只负责具体战役和战斗指挥的地位。地方上的总兵也必须受文官巡抚和总督的节制。

儒家意识形态对于维系文官的忠诚起到了重要作用。尤其是自理学出现之后，士大夫反叛已经成为极为罕见的现象，在观念上，士大夫对反叛具有极大的心理障碍。清末的曾国藩便是一例，他虽然拥有自立为王的能力，但始终忠于朝廷。曾国藩的湘军被称为勇营制，是借鉴戚家军而组建起来的。曾国藩在组建湘军时，利用自己的门生网络招募有乡谊和亲缘关系的士兵，类似于家军制，但是其领导模式却是“书生带乡农”，具有强烈的儒家忠君意识。

以文制武最大的问题在于外行指挥内行

以文制武最大的问题在于外行指挥内行，影响军队的战斗力，毕竟像王阳明这种文武双全的人才是少数。比如宋朝格外强调文治，对文人极端重视，但是武人受到压制，武装力量孱弱，后被外族灭国。

以文制武还使军队的“油水”减少，军队只能寻求其他方法增加收入。明清两朝军队的吃空饷问题突出。清朝的绿营编制固定，每个士兵都有定额的兵饷。于是驻防的长官都设法不让自己的部队满额，有的甚至空出一半以上，空出的兵额的饷银就落到了长官手里。

如果上级来检查，就临时雇一些当地的老百姓充数。这已经成为一个尽人皆知的潜规则。只要驻防长官打点到位，来检查的人也不会说破。这种军队遇到战事，会临时组队，由于平时缺少训练，兵将两不相知，战斗力远远不济。在乾隆末年，在镇压白莲教起义时，八旗、绿营都不中用，只能依靠各个省乡绅组织的民兵。在嘉庆之后，除个别地方的八旗兵和绿营各镇所属的少数民族军队及临时招募的军队外，清朝大体上已无可用之兵。

党指挥枪

伴随帝制结束、走向共和，儒家意识形态解体。由于中央政府的控制力减弱，中国出现了军阀割据的局面。这些军阀大多数回到了家军制。

1917年，俄国发生了十月革命，这对中国产生了巨大影响。苏联列宁主义政党组织模式的引进，一定程度上促成了国内分裂局面的结束。

早在1923年10月间，孙中山就提出了建立统一的“党军”和注重向军队宣传的意见。1924年9月3日，蒋介石正式委派黄埔军校战术总教官何应钦筹备教导团，组织和训练都采用苏俄新制。9月19日，军校招考教导团学兵。11月20日，教导团全团正式成立，全团人数约1500人，这标志着国民党党军的成立。1924年10月27日，中央执行委员会在审议各区党部全权代表会呈请转请准予组织党团军案时，处理意见是“函知该会本党已在黄埔组织党军，同志中有愿服务党军者，可自到该处听候考验入营”。据毛思诚的《民国十五年以前之蒋介石先生》记载，1924年11月11日，“总理令新军改称党军”。后来，教导团扩编至5个，参加了平定商团事变等作战。

1925年7月，国民政府在广州成立。8月18日，广州国民政府军事委员会将辖下各地方军队名目取消，统一命名为“国民革命军”，简称国军。从这支军队的创建来看，其是由国民党创建的，属于国民党的军队。建军初期的国民革命军依照苏联体制，在军、师两级设党代表及政治部。由于党军的建立，国民党的军队战斗力要强于当时的一般军阀，从而取得了北伐的胜利，在形式上统一了中国。

相比于国民党，共产党的组织更为严密。1927年9月，毛泽东对部队进行了“三湾改编”，创造性地提出了“党支部建在连上”的原则，并在湖南酃县（现炎陵县）水口把这一思想进行了具体实施，在部队中第一次实行了班、排建立党小组，连队建立党支部的新制度，规定部队的一切重大问题都要经过党组织集体讨论决定，从而有效地解决了党对军队基层的领导问题。“支部建在连上”防止了军队的军阀化。此后，共产党很快建立了全国第一个农村革命根据地，共产党军队逐步发展成为一支有觉悟、守纪律、能打仗、会做群众工作的新型军队；党在部队中的组织，从前委到支部，自上而下形成了一个完整体系，初步确立了党对军队的领导制度，保证了党的路线、方针、政策在部队的贯彻执行。毛泽东同志在《井冈山的斗争》一文中深刻指出：“红军所以艰难奋战而不溃散，支部建在连上是一个重要原因。”[1]

1930 年，中共中央第一次颁布了《中国工农红军中党的连支部及团委工作暂行条例草案》，规定了军队连队党支部的性质和任务。1932 年 9 月，总政治部发出《关于支部工作的训令》，规定“支部在连队中起最高的领导作用”。1935 年 5 月，总政治部在支部工作的训令中，对连队党支部建设的具体措施和领导作用作了说明。1944 年，谭政在八路军留守兵团政治工作报告中，明确提出将政治工作纳入党的组织领导体系，由政治指导员兼任党支部书记。1948 年 2 月，总政治部决定连队党支部由秘密状态转为公开状态。同年 10 月，总政治部制定了《关于支部工作的条例草案》，规定支部委员会是连队的统一领导机关，连队重大问题都须经党支部委员会讨论决定。这样，在共产党的军队中，军事指挥官管军务，而党组织的负责人管思想，体现了“又红又专”的要求。军队在党的领导下，历经土地革命战争、抗日战争、解放战争，取得了革命在全国的胜利。

[1] 《巍巍井冈：中国革命从这里走向胜利》，载新华网 2016 年 1 月 10 日。

蜀汉的政制缺陷与灭亡

看三国，蜀汉的灭亡无疑令许多人遗憾，其灭亡原因有许多，而其政制缺陷构成了一个重要的方面。

自蜀汉的创立者刘备去世之后，诸葛亮掌握了蜀汉的实权，他掌权的时间甚至远长于刘备。在诸葛亮的知识结构中，以法家为主，兵家次之。这不禁令人想起了商鞅，商鞅的知识结构同样是以法家为主，兵家次之。法家和兵家可以说构成了乱世中最为实用的治国知识，正如现代社会的经济学和法学。诸葛亮与商鞅一样，都严格执法，触动了世族的利益。诸葛亮所处的蜀汉与商鞅所处的秦国同属偏狭之地，易守难攻。尽管诸葛亮与商鞅有许多相同之处，但结果是商鞅振兴了秦国，秦国最终完成了统一天下，而蜀汉却走向了灭亡。在这里，诸葛亮个人的情怀与所处的环境造成了蜀汉的政制困境。

其实诸葛亮与商鞅一样都是用人治推行法制的典型。他们都没有建立起让法制得以独立运转的机构，当然这有点苛求古人了，不过正是这种人治与法制的矛盾导致了商鞅个人的悲剧和诸葛亮事业的挫败。他们的法制理想必须依赖于信奉法制的强权人物来推行。然而与诸葛亮的人亡政息相比，商鞅死后，秦国依然推行商鞅的法制理念，这是法家保障秦国强大的关键。也就是说，秦国始终存在着强权人物推行法家，而蜀汉在诸葛亮死后则没有这样的强权人物。当然这不能仅仅归结于人才的多寡，三国时期并不缺乏人才，二者权力结构的差异才是关键。

在秦国，嬴氏家族拥有数百年根基，国君始终掌握着绝对的权威，即使在商鞅在世之时，商鞅的权威也是附属于秦国国君的。亦即秦国是一元权力的结构，这与法家的理念是一致的。只有这样才能保证在瓦解世族之后保持中央的强大权力（实际上到了三国后期，连孙权、曹丕都不敢轻易动摇世族）。而蜀汉则不同，刘备本来就是外来户，在刘备去世后，“政由葛氏，祭则寡人”。也就是说，蜀汉的军政大事全由诸葛亮负责，刘禅只负责祭祀。这种制度其实很现代，刘禅的角色类似于立宪后的英国国王，主要是国家象征，实权由首相诸葛亮掌握，这是一种二元权力结构。其实这种二元权力结构如果能够一直顺畅地运转下去，也不错，但这是不可能的。在现代社会，首相的产生依赖于民主制度，首相有一定任期，一个国家的制度不会因为首相任期届满而终止，也不会因为某个首相的离世而衰落，还会一直运转下去。但蜀汉没有这种现代制度，那就只有回到依赖强权人物推行法家的道路上，才能在诸葛亮死后使蜀汉继续强大。但是由于多年的远离朝政以及个人性格原因，刘禅不可能成为这样的强权人物，那就必须靠第二个强权丞相。这样的强权丞相需要诸葛亮的培养，但诸葛亮专权却不弄权，他没有像曹操和司马懿一样培植自己的家族势力。要知道，在人治社会中，血缘关系是最可靠的。但诸葛亮真可谓忠心耿耿，公心无私，他虽然大权独揽，却始终把自己放在“臣”的位置上，并无僭越之心。这是诸葛亮的个人情怀决定的。诸葛亮也曾着意培养接班人，但是一个没有弄权之心的丞相根据才能培养的接班人其强权度必定要弱于诸葛亮。事实上，诸葛亮的客观地位及主观意愿都使其无法像君主一样树立名正言顺的强权接班人，这导致了诸葛亮死后蜀汉实际上的权力真空，甚至发生了大臣之间的倾轧，丞相职位后来也被废除，诸葛亮所奠定的政制框架从内部瓦解。

当然，诸葛亮就个人而言是非常成功的。他是一个有政治理想的人。三国时代的人物很多，但枭雄居多，有政治理想者不多，能够把自己的政治理想付诸实践的就更罕见了。诸葛亮掌权蜀汉十余年，得以充分实践自己的政治理念。他作为权臣能够善终，死后家人得到优待，身后有无数粉丝，中国历史上的权臣能有这样的结局实属罕见。诸葛亮与刘备父子的相遇是彼此的幸运。其中自然也有猜忌，但是相比曹氏祖孙三代对待司马懿，诸葛亮简直就是活在蜜罐中。但是诸葛亮与刘备父子的相遇也注定了他们无法实现一统天下的愿望。

曹魏灭亡与中国传统治理的痼疾

在中国，“三国”是一个经久不息的历史话题。过去受《三国演义》的影响，人们往往把曹操视作“奸臣”。近来的言论逐渐正本清源。抛开野史和传说，从政制的角度来看，可以说“三国”的纷乱是当时中国治理模式问题的一次集中爆发。

汉朝的危机：官制与治官

在中国古代社会，依靠马上得天下，却无法依靠马上治天下。皇帝不可能一个人就完成全国的治理任务，治天下主要依靠官僚体系，而官僚的来源是一个问题。在隋唐之前，皇室与世族的关系始终是纷争的焦点。

根据有文字可考的记载，为了治理广大的疆域，中国的商朝和周朝都实行分封制。但是随着封侯势力的增长，君主的势力被削弱。到了春秋战国，更是群雄并起。秦自商鞅变法开始，废除了世族的特权地位，官僚体系和军功向有能力的人开放，从而增强了秦国的军事实力。秦统一六国实现了治理模式的转型，即由封建贵族制转向绝对君主制。然而秦所依赖的法家思想主要是用来治民的社会控制理论和强军的国家学说，缺乏对官僚体系的构建和对于六国民众的整合机制。战国时期的官僚有相当部分来自在各国间自由流动的人才，他们随着世族的灭亡而出现，主要依赖于君王的个人赏识，尚未形成完善的官僚体制。秦治理机制的问题在统一后逐渐暴露出来，连向六国地区派遣行政管理人员都捉襟见肘。秦亡固然与秦二世的昏庸有关，但中国历史上昏庸的皇帝很多，却不一定都会亡国，秦亡的关键原因在于秦朝政治整合机制的缺失。

汉朝属于平民王朝，汉高祖刘邦是平民家庭出身，其追随者也基本出身于平民。中国历史上真正的平民王朝并不多，主要是汉和明，其余多为“官二代”或异族夺权，这也从侧面说明了中国历代王朝的主要威胁来源——世族与外族，而并非所谓的“民可载舟，民亦可覆舟”。汉朝吸取秦朝的教训，却也没有完全恢复古制，只是分封同姓诸王治理地方。可这还是导致了“七国之乱”。汉武帝时“罢黜百家，独尊儒术”，确立了儒家思想的正统地位，按照儒家标准选拔官员，尽量排除地方世族的影响，强调臣属对于君主的忠诚。汉朝选拔官员的制度主要是察举征辟制。察举，即经过考察后进行荐举。征辟，亦称辟举，是主要长官选用隶属的制度。与先秦的世卿世禄制不同，察举征辟的主要标准是儒家道德，但由于过于依赖人的主观判断，久而久之也形成了官员内部的小圈子。此时虽然没有了正式的贵族制，但存在实践中的世族影响，而且这种影响通过潜规则发挥作用，往往对德性的败坏更强。汉朝时世族已在选官中发挥着越来越重要的作用。更有甚者，有人搞权钱交易，用钱买官，然后再通过搜刮百姓弥补为做官所投入的成本。

儒家理论最大的问题是伦理路线与政治路线的脱节，伦理往往沦为君主专制的工具，而拥有实权的人可以不睬它。这造成了现实中儒表法里的矛盾机制。儒家与法家在思想上是两个极端。儒家建立在性善论基础上，强调伦理的作用；法家建立在性恶论基础上，注重权力的运用。

儒家的吏治观念强调官吏本身要有节操，廉洁自律，施政以“仁德”为本，反对严刑峻法。但在缺乏权力制约机制的情况下，这种对官员人性良好的期望只能落空。因为权力导致腐败，绝对的权力导致绝对的腐败。儒家是中国古代王朝口头上一直奉行的理论，但在实际统治中仍然需要法家的手段，搞制衡，搞权术。这种名与实的背离，加重了中国官场文化的腐朽，许多人当面一套、背后一套，嘴上是仁义道德、暗地里是男盗女娼。因而汉朝精英的道貌岸然使官僚系统日益腐朽。

作为统治者，如果不是太昏聩，不可能认识不到儒家理论不切合实际之处。其实孔子本人也不太信，所以他把希望寄托于仁王的出现。然而世间稀缺的是仁王，多的是打着儒家旗号而行法术的帝王。为了治官，中国传统的统治者发明出了各种机制。在汉朝，内廷官员的作用逐渐凸显。实际上，中国后世的许多官职都来源于汉朝的内廷官名，比如尚书。所谓内廷官员，也就是皇帝的身边人，起初由皇帝私人的秘书顾问团体组成，后来负责照料皇帝起居的宦官以及嫔妃外戚开始发挥越来越大的影响。自萧何之后，汉朝不再设相国，而主要倚重于内廷官员，这更为宦官专权打开了方便之门。

东汉时期的继承人危机加重了皇帝对于身边人的依赖。东汉除最初三代外，其余皇帝都是年幼即位。殇帝即位时是刚出生的婴儿，冲帝即位时只有两岁，质帝即位时不过八岁。十五岁即位的桓帝和十二岁即位的灵帝都算是年长的了。幼帝即位必然需要人辅佐，同姓皇族离皇位较近，会对皇位造成威胁，因而由母系亲属辅佐是理所当然的，于是导致外戚掌权。安帝亲政后，为了制衡外戚，开始提高宦官地位，首开宦官封侯的制度，宦官还拥有了领兵、起草诏书等权力，为日后宦官专权埋下了伏笔。皇帝更迭，太后也随之变换，外戚的权势往往不长久，而宦官的势力却难以撼动。到安帝、顺帝时期，宦官已经发展到随意干涉朝政，甚至假传皇帝命令、胡作非为的地步。外戚和宦官专权削弱了皇权的神圣性。

在外戚和宦官之外，东汉还有两派重要的政治力量。一是地方的世家大族。东汉开国皇帝光武帝是贵族出身，他在世族的帮助下取得天下，于是东汉社会从建国初期开始，就是地方豪族林立，光武帝不过是地方豪族的盟主而已，这为日后地方豪强的分裂埋下了伏笔。内廷的专权割裂了中央与地方的联系，使中央变得孱弱。东汉时期，朝廷对边境的控制力逐渐减弱，地缘危机不断。为了应对周边夷族的侵扰，边境地区的官民逐渐依赖于地方势力。由于中央财政困难，连治理水灾这样的事情都难以应付，官员俸禄降低，朝廷开始向世族借钱。世族不可避免地受到了当权宦官的镇压，但他们反而士气更加高涨，两次党祸进一步割裂了世族与皇室的关系。

二是自诩为清流的官僚系统。东汉前中期的清流以道义自诩，排斥宦官和外戚当权，因此积累起巨大的道德声望。清流得势后，便按照他们的道德标准黜贪进贤。但是，大权一旦在握，清流就变得不再清廉，他们通过官员荐举制度逐渐与世族相整合，形成了门阀，开始总揽朝纲。官员的推举往往由豪门把持，有“重虚名轻才识”的倾向，由此形成朋党。

上述这些因素共同危及中央政权。

曹魏的困境：皇室与世族

东汉末年，天下大乱。先是黄巾军起义，后是董卓乱政，中央朝廷衰弱，许多地方世族、军阀乘机做强做大，甚至自行任命地方官员。时势造英雄，曹操作为黑马，凭借“奉天子以令不臣”的道义优势以及武装实力后来居上。曹操结束了汉末北方的军阀混战，颁布法令发展经济，使北方百姓得以安居乐业。正是因为曹操的努力，群雄争霸的纷乱变成了三足鼎立的局面，几十年后再次统一中国的晋不过是继承了曹魏的势力。

出身并不算好的曹操对汉朝体制不满已久，他试图在宦官专权与世族擅政之间走出第三条道路。在曹操尚未大权独揽之前，他就致力于打击贵族、官僚和地主，并因此在官场不得志。得势后，曹操以丞相的身份连发三道求贤令。建安十五年春，即公元 210 年，曹操第一次发布《求贤令》，指出："若必廉士而后可用，则齐桓其何以霸世！"明确提出"唯才是举"的主张。214 年，曹操又发布《敕有司取士毋废偏短令》，进一步强调："夫有行之士未必能进取，进取之士未必能有行也。"217 年，曹操第三次发布《举贤勿拘品行令》，明确指出："各举所知，勿有所遗。"无论是否有污名、出身是否良好，只要有能力，就会得到重用。这个举措使曹操招揽了大批人才，使其可以在乱世中脱颖而出，使曹魏成为三国中最强大的政权。曹操的人才政策既是对正统儒家权威的反动，也是对世族势力的反动。因而，曹魏的统治始终处于夹缝之中，既得不到正统儒家的支持，也得不到地方世族的支持。这或许也是曹操在文学作品中不能得到公正对待的一个原因，就像后世的雍正一样，因为他们都触犯了当时拥有话语权和写作能力的社会精英的利益。相比之下，孙吴政权本就是世族势力的代表；刘备在进入西蜀后逐渐重用当地势力，而压制原从人马的权力，试图平衡两者的力量。在这种局面下，三国鼎立形成。

在权力逐渐稳定之后，曹操与蜀汉的诸葛亮一样，也大力推行法制，刑乱国用重典。这也是一个比较有趣的逻辑，自己夺权的时候不受法度约束，而自己大权在握后就加强法制，防止别人破坏法度。不过曹操重视法律的客观效果有利于民众。曹操认为汉末政失于宽，实际上是对贵族官僚的宽纵，而对百姓而言则是不幸的。曹操说："夫刑，百姓之命也"；"拨乱之政，以刑为先"。他用法律主要打击的对象是贵族官僚，这为曹操赢得了民心，但却引起了世族的不满。

曹操恢复生产，并且通过屯田制供给军队，同时制衡地方世族。然而政治理想与政治现实之间总是存在不可避免的冲突。首先，曹氏统治者为了获得高官支持，允许他们管理农屯，这些官员运用手中的权力谋取经济利益，农屯逐渐变为官员的个人地产，农屯名存实亡，及至被废除。民屯的衰落与世族的兴起同步。其次，由于军屯与居住地相连，兵士们只能同其他军户通婚，其后代必须继承他的军籍。因此，军屯上的居民变成一个子承父业的公务行业，从而向世袭军队转化。

虽然一直不遗余力地抑制世族势力，但在曹魏统治之时，世族势力已经锐不可当。鉴于当时的政治结构与社会结构，曹魏政权内部有大量世族大臣，这成为统治的隐患。曹操去世后，威望才识均不如曹操的曹丕篡汉称帝，为了争取更多贵族地主的支持，曹丕在陈群的建议下采用九品中正制，人才招募向世族倾斜，偏离了曹操的准则，世族逐渐控制了对人才的选拔，其权力不断巩固。曹叡当政时期，试图用曹氏宗族制衡世族大家，但是曹叡同时还要防止曹氏内部的争权。曹氏不是没有人才，但是像曹植这样才华横溢的人却早早地远离了权力中枢，司马氏逐渐做强做大，最终曹魏亡于世族大家司马氏之手。

曹魏后期与东汉后期很相像，都陷入了继承人危机，接连几个孩童继位。司马懿后来实际上充当的是当年曹操的角色，他们当然并不全是为了个人私利，也有着统一天下、结束战乱的抱负。为实现这个梦想，就需要强有力的领导者，而孩童皇帝显然无法完成这一使命。不过晋代魏在制度上存在着倒退。这里有必要交代一下后续的历史发展，以说明世族、官制对于政治稳定的影响。

司马氏向来重视世族，掌权后更是变本加厉。晋朝的士庶分别尤其明显，不同阶层之间甚至不通婚。通过九品中正制选拔上来的人大多出身世族，初入仕者的起始官品由其父亲的官职决定。更有甚之，司马氏还恢复了贵族的世袭爵位，曾向国家交纳租税的小家小户转而向世族交租。世袭官位削弱了皇帝控制官僚的能力。司马氏于是仿效汉朝早期的做法，通过分封亲王来制衡世族势力。结果与“七国之乱”如出一辙，晋朝的亲王之间互相残杀，导致“八王之乱”，动乱耗尽了晋朝的军事力量。非汉族力量乘虚而入，建立了自己的王朝，开启了南北朝时期。

在南北朝的动荡时期，拥有实权的军阀建立起了一个个王朝。这些王朝凭借军事权力建立之后，吸取以往的教训开始致力于控制地方势力，恢复皇帝的绝对权力，在地方上采取去军事化的措施，削弱世族势力。世族的三大权力要素被剥夺：军事力量、地方管理权和财富。南朝基本上由出身较低的军人统治，而非世家大族。尽管南北朝时期的军人政府未能建立起稳定的政治秩序，但是在逐渐扭转着皇权的颓势。

经过了长期的动荡，分久必合，隋唐实现了对中国的重新统一，并且实行制度创新，建立起科举制来选拔人才，使曹操向社会开放选任官员的做法制度化。科举制主要针对世族势力，通过考试制度选拔符合儒家标准的有能力的人担任官职，平民出身的人也可以担任高级官员。通过人才选拔机制的定型化消除了世族势力的影响。科举是择优录用，被选中者往往归因于个人能力，对君主的感恩之情较弱。但是儒家学说所强调的忠君理念在全社会形成了巨大的意识形态氛围，保证了臣属的忠诚。其实孔子政治思想的核心是仁政，仁政依托于贵族阶层，但是后世的科举制实际上打破了阶层界分，强调社会流动和平民化，用平民制约世族，孔子仁政的社会基础已然不存在，孔子所寄望的理想政治人格在现实中变得很珍贵，真实的官场与理想相去甚远。为了加强对官员的控制，君主也会重用身边人，如宦官、外戚。唐朝则发展出了严密的行政内部分权机制，设置三省六部，中书省负责定旨出命，门下省掌封驳审议，尚书省负责执行，下辖吏、户、礼、兵、刑、工六部，程序严密，可以说是中国古代历史上政制最为成熟的时期。但是随着时间的推移，这种制度的缺陷逐渐显露，越发重视治官的权术，加强君主专制，导致行政效率低下，这是后话。

重文还是重武的两难

在封建分封时期，各诸侯国实际上是武装力量的产物。当时的国家有着尚武的精神，当时的“士”和许多外国的士含义一样，主要是指武士。“士”字在中国的字源上就是指执矛盾、佩弓矢的武士。当时的教育主要也是武士教育。然而，诸侯割据带来了动荡，崇尚礼仪的意识形态兴起，这种意识形态也为大一统国家奠定了基础。从此以后，中国的士主要指文士。但是中国古代王朝却始终逃脱不了重文还是重武的两难。重文可能导致武力削弱，不利于国家安全。重武则可能导致武人专权，不利于君主统治。

曹魏的前两任皇帝曹丕和曹叡都是文学家，随着曹魏小环境的相对稳定，他们开始偏重文治，任用名士，改良政事。在天下太平之时，这种思路没有问题。但当时处于乱世，武装力量的作用不可忽视。曹叡当政时期，任用曹爽为大将军，曹家子弟尽掌军权。但是他们缺乏军事才干和声望，军队实际上并不为他们所用，而且他们身在军中，也喜欢用文治派，与军士疏远。而司马懿曾带兵与诸葛亮作战，在军中颇有威信，这成为他后来夺权的基础。司马氏夺权后，文治派没落，武人得势。

曹魏是三国中最强大的政权。能打败曹魏政权的只能是其自身，最后曹魏的确亡于其臣属司马氏之手。曹魏的灭亡在一定程度上反映了中国传统治理的固有危机，那就是无法彻底地解决官僚系统所追求的专业化、忠诚度、高效率与实际中的世袭化、私人化、无序化之间的矛盾。

唐玄宗改革：盛世中的危机

开元盛世与安史之乱，这两个极端的现象同时发生在唐玄宗当政期间。开元盛世是中国古代王朝发展的顶峰，安史之乱是唐朝由盛及衰的转折点，其中的藩镇割据对后世影响深远。唐玄宗并非无为的君主，然而他当政时期的一些改革措施本身却孕育着危机的种子。

盛世下的分化

唐玄宗是唐朝中期的君主。玄宗一朝，官方统计的人口数字是5000多万。由于赋役原因，存在大量瞒报现象，实际人口应该为7000万−9000万。而在14世纪，整个欧洲的人口总和才8100万。在人口就是生产力的年代，人口繁盛表明了国力强盛。虽然人多，但唐朝的平均生活水平并不低，玄宗时代的人均粮食占有量达到了700斤。

唐朝的都城长安是当时的世界中心，大量的国外商人、使者、留学生会集到长安，长安城的外国人占到了总人口的2%。根据《唐六典》的统计，开元年间，与中国有朝贡关系的国家达70多个。

然而在大唐盛世之下，分化也很严重。大诗人杜甫的儿子就因饥饿而死，杜甫为此写下了“朱门酒肉臭，路有冻死骨”的千古名句。

唐朝的赋役较重，除征税之外，还包括军需役、漕运役、土木工程役、地方杂役等。百姓服兵役、徭役期间，不仅不能从事农业生产，还要倒贴路费。在武则天时期，由于赋役过重，“天下户口，亡逃过半”，农民为了规避赋役，将朝廷分给的田地抛弃或卖掉，逃到地主庄园或寺观中，充当佃农。玄宗即位后，好大喜功，经常大兴土木，百姓逃亡的情况更加严重。

大唐盛世中蕴藏着危机，从制度上看，唐朝的统治危机主要存在于中央权力的分配以及中央地方关系两个方面，这两方面也是中国传统治理始终未能良好解决的问题。

由中央分权到中央集权

在汉朝，大臣尚未发展出约束皇权的力量，只能扮演政策执行人的角色。唐初，一定程度上形成了君臣共治的局面。三省分工明确，中书省掌决策，门下省掌审议，尚书省负责执行政令，即使皇帝也不能随意发布政令。三省相互牵制监督，但宰相团体高度团结，能够挑战皇帝的权威。

唐玄宗在武则天统治结束后的动荡中登基。武则天统治时期，为了避免源起于陇中的李唐家族的影响，把政治中心向洛阳转移。这导致朝廷对于西部控制力的减弱，李隆基后来设立藩镇多少与此有关。为了巩固权力，武则天设立大量新职位来提拔出身普通的人，还增强了皇权对于相权的制约。在武则天当权时期，经常撤除宰相职务，很多宰相被流放或处死。

政事堂是唐朝的最高中央机构，一般有十几个人参加，类似于今天的内阁或委员会。玄宗时期，这种委员会制开始向领袖制转变。在玄宗时代，中书门下两省的长官总有一个职位空缺，同时尚书省出局，这等于出现了实质上的首相。在张说任首相期间，将政事堂改为中书门下，原来的集体负责制正式改为个人负责制。在这种体制下，权力制衡机制缺失，如果君明臣贤，就是开元盛世；如果君昏臣奸，就是安史之乱。玄宗后期贪图享乐，愈加依赖于重臣，于是出现了任职多年的宰相。李林甫、杨国忠的专权就源于此。

臭名昭著的李林甫实际上是一位能臣。李林甫一重法制，二重财政，而这二者都为正统儒家观念所鄙视。李林甫担负“奸相”的骂名除因其本人专权之外，也与他的政策倾向有关。而李隆基和李林甫都具有务实的政治取向，他们排斥儒家学者，重视行政效率。然而在效率提高的同时，权力愈发集中。在李林甫担任户部尚书期间，他认为预算开支程序过于复杂，每年用纸就达 50 万张。736 年，李林甫开始简化预算，将稳定的项目编入长行旨符，不必每年更动；其他不稳定的项目，随时补充。改革后每州的预算不过一两张纸。然而李林甫的节约用错了地方，随着预算的简化，预算对支出的制约也弱化甚至消失了。结果贪污腐败，上下其手就大行其道，中央财政迅速枯竭。

李林甫担任宰相后权力日隆。在李林甫的搭档牛仙客去世后，李适之取代了牛仙客的职位，他开始与李林甫争权，从而引发了一场血腥清洗的党争。经过党争，李林甫感到边镇节度使的权力过大，于是从 748 年起，他要求玄宗推行一项新政，即由寒族胡人担任边疆的军事长官。因为这些人是更优秀的军人，其军事野心多于政治野心，不大会与他竞争职位。到 751 年，除四川剑南以外的所有藩镇都受外族将领指挥。在这些人中，最强大的就是安禄山，这就为安史之乱的发生埋下了祸根。

随着玄宗对杨贵妃的宠幸日隆，杨贵妃的堂兄杨国忠得以入主中枢，兼任了大大小小 40 余个官职，这当然不是因为他能力强。杨国忠随着权力的上升开始排挤李林甫。在李林甫死后，杨国忠更是大权独揽，而此时的玄宗已经不大亲理朝政。正是由于专权，才导致杨国忠先后与安禄山、哥舒翰等将领结怨，唐朝的大厦开始从内部瓦解。

其实唐初理想化的制度设计之所以是走向瓦解根源在于皇权的一权独大。再完美的内部制衡机制，都抵不过皇帝一个人的意志，因为没有外部的权力制约，是否能够按规矩办事主要取决于皇帝的意愿和能力。唐朝的盛世之下还始终潜藏着继承人危机，从开国到安史之乱，“太子”一直是最危险的职业，很少有人能够顺利继位。在这期间，光是太上皇就有三位——李渊、李旦、李隆基，基本上都是迫于形势而退位，为各朝所罕见。围绕着皇位的斗争牵连了无数有才华的大臣，大批杰出的人物被杀，削弱了中央政府和皇帝的地位。

大国央地关系的困境

战国时期，为了争霸天下，秦实行了全民皆兵的体制。汉朝建立后，逐步取消普遍兵役制，结果导致地方军事力量的兴起。

唐前期的兵制主要是源于北魏的府兵制。唐初的府兵主要来自精英家族，这些家庭能够供养子嗣从事军事训练。府兵可以免去大部分赋税和劳役，每名士兵获得一块可以耕种的份地，国家提供铠甲和精良武器。这种模式保证了军队的专业化水平，同时又不会耗用国家太多的财政开支。府兵还为当地治安提供人力。

府兵的衰落有着政治和经济两方面的原因。政治方面，武则天掌权后，为了避免陇中势力的影响，逐渐把权力东移。陇中世族开始衰落，府兵赖以存在的社会基础动摇。经济方面，府兵制以均田制为基础。由于军府过分集中于关中，关中战乱频仍，农田荒废，生产下降。本来富庶的八百里秦川逐渐凋敝，关中地区越来越依靠南方漕米的供应。加之均田制被破坏，随着土地兼并的加剧，大批农民纷纷逃亡，府兵的来源越来越少，府兵制名存实亡。限制土地兼并、维持均田制等针对地产的宏观调控政策频出，但收效甚微。

于是玄宗时期用募兵制代替府兵制，暂时解决了经济、政治和军事方面的一些问题。经济上可以解决均田制衰落带来的军队供给问题，政治上割裂了士兵与将领的联系，军事上保证了兵源。但是募兵制带来了新的问题。首先是军费激增，开元中期军费为每年 200 万贯钱，到开元末年就增加了 5 倍。出于经济的考虑，唐朝的军队主要分布在边境，而内地军事薄弱，京师的禁军更是员额不足、素质较差，主要由关系户和不懂军事的文官担任军职。安史之乱时的藩镇割据主要是河北三镇的割据，都属边疆战事较多的地区。这种军力布置如果是在民治国家，把军队分派到最需要的地方，而不是主要针对人民，显然毫无问题。但是在家天下的国家，就很成问题，如何保持边境军队对于皇室家族的忠诚是一个难题。这种军队分布无疑降低了反叛的成本，后来安禄山的叛军可以长驱直入逼近都城长安就得益于此。

其次是军队素质问题。募兵就是雇佣兵，大量流民成为雇佣军，对朝廷的忠诚度较低，而与征兵人员的关系更近。虽然募兵与府兵的军士来源不同，但是在依赖血缘和准血缘关系来维系军队上，募兵制与府兵制异曲同工。边军的将领就是节度使。在玄宗开元后期，边将常常连任十几年，有些边将还兼任几镇节度使。开始节度使不管行政，后来也管理地方事务，逐渐独揽一方军政人事财权，其职位由子弟或部将承袭，任人唯亲，成为尾大不掉的威胁。

唐朝应对安史之乱的办法犹如饮鸩止渴。一是用节度使来对付节度使。为了迎击叛军，唐朝把边境地区的节度使制度扩大到了内地。由于中央军事力量薄弱，平定安史之乱主要依赖的是其他的藩镇势力。这样一来，安史之乱的平叛不但没有结束藩镇体制反而加剧了藩镇割据的局面，内地节度使最多时接近 50 个。除安史之乱外，还出现了多地兵变，这是中央政府对军事失控的鲜明体现，为统一帝国的再次分裂埋下了伏笔。实际上，安史之乱平定后，也出现过销兵罢镇的言论。但是由于边疆局势不稳，这些建议难以操作。如果只是罢内地诸镇，而保留边疆诸镇，势必又会使内外的军事布局失衡，再次导致像安史之乱一样的祸害。而当初如果不是有内地藩镇，根本无法平定安史之乱。而且由于均田制早已被破坏，加之多年战乱，流民成为严重的社会问题，军队的供给是令朝廷头痛的财政问题，藩镇募流民为兵可以说是当时一个切实可行的好办法。藩镇割据的延续不是由谁的主观意愿决定的，而是由社会经济基础决定的。

二是用宦官来牵制节度使。早在李隆基当政时就多次派宦官去视察节度使的履职情况。而宦官往往缺乏操守，容易被收买，他们回报的情况都是安禄山忠实可信，这类信息误导了皇帝，使安禄山可以有时间蓄积反叛的力量。在平叛期间，为了制衡日益兴起的地方势力，朝廷还屡屡让宦官出任军队的监军。这一做法加剧了内部矛盾。宦官不懂军事，与将领发生矛盾在所难免。因为与宦官的矛盾，平定安史之乱的主要功臣郭子仪被削夺兵权，李光弼郁郁而亡，仆固怀恩叛乱。从肃宗时的李辅国始，宦官更是开始掌管禁军，封王封相不在话下，后来宦官的权力甚至大到可以废立皇帝的地步，唐后期比较英明的君主宪宗李纯就被宦官杀害了，著名的高力士之权势根本无法与唐朝后期的宦官相比。唐宪宗之后，有三位弱势的皇帝是被宦官扶上位的。当然，皇帝对宦官也不完全信任，如代宗用程元振除去李辅国，又流放程元振，重用鱼朝恩，后来又除去鱼朝恩。不过都是用宦官取代宦官，换汤不换药，宫廷内部斗争不断。宦官为了维护自身地位，往往打压重臣名将，导致大臣和君主疏远，唐初形成的君臣共治局面不复存在。

可以说，宦官专权与节度使割据之间相辅相成。由于节度使尾大不掉，所以皇帝宠信宦官；而由于皇帝宠信宦官，节度使愈发与朝廷疏远。唐朝的治理陷入死结，衰败成为必然。

纵观历史，虽然已经历了几百年的变迁，但唐朝的没落与汉朝有很多相似之处。唐朝前期对于地方的管理与汉朝很相像，都是把行政区划设得很小，以防止地方对国家的威胁。但这种做法没能阻止地方势力的兴起。当时的兵士与地方官吏的关系更为紧密，镇压各地起义主要依赖于地方政府，中央政府没有像样的武装力量。到了后期，地方政府本身就像起义军，他们为改朝换代而积蓄力量、做政治投资。大汉和盛唐都没能逃脱衰亡的命运。

以国富为目标的王安石变法终致失败

在中国历史上，王安石具有光辉的正面形象，王安石变法失败常令人感到唏嘘，被认为是由于保守势力和地主阶级的阻挠所致。然而，当我们放弃定见会发现，王安石变法的失败有着必然之处，这是由其所处的制度环境决定的。总体来说，王安石变法中的国进民退倾向是其未能改写历史的根源。

宋代的开明与腐朽

宋代被认为是中国历史上经济文化最发达的一个朝代。

宋代政治以文明和开化而著称。“君臣共治”几乎是宋代士大夫的共识。北宋时，宰相文彦博曾对宋神宗说，君主当“与士大夫共治天下”；南宋时，宰相杜范也提出，“是以天下为天下，不以一己为天下，虽万世不易可也”。两宋 300 余年，除了一二特例，少有因为言事而被杀戮者。

宋代的言论也很开放，讽谏时政、取笑官员乃是滑稽戏的常见节目。据北宋人魏泰的《东轩笔录》记载：“至今优诨之言，多以长官为笑。”有学者统计过，两宋史有明确记载的，至少就有 13 位宰相被伶人拿来开涮过。

宋代实行了一系列促进自由贸易的制度。在北宋的汴梁，坊墙被推倒，唐代的坊市制瓦解，人们沿河设市，临街开铺，到处都是繁华而杂乱的商业街。官民杂处、商民混居，夜禁也被突破。一种更富有商业气息与市民气味的城市生活方式兴起，日后中国的集市模式就是在宋代定型的。

宋朝立国就颁发了一系列“恤商”法令，宽待商人，鼓励商业。商人还获得了从政的权利。在宋朝一部分商事法的制定过程中，商人甚至被政府邀为座上宾，参与修法。

国外一位用计量史学方法研究中国经济史的学者估算，按购买力而言，宋代的人均 GDP 达到 520 美元，是中国古代历朝中最高的。《清明上河图》反映了宋代商业的发达。当时汴京有百万人口，非常繁荣。北宋 10 万户以上的州、府在宋神宗元丰年间为 40 多个，而唐代仅有十多个。

但是就制度而言，我们会发现宋代开明与腐朽并存。

宋代的开明主要源于统治者的文化倾向和家族传统，而不是靠制度设计。宋太祖赵匡胤经陈桥兵变而“黄袍加身”，对他而言，时刻都担心他的臣属身上发生同样的事情，因此他“杯酒释兵权”，促成了宋代的“文官政治”。他不杀功臣，而且还立下了不杀文人的政治规矩，这是其开明一面。但是“文官政治”也导致了对军事建设的轻视，造成宋代的“积贫积弱”。

宋代确立了“君主—宰执—台谏”的分权结构：君主是权源，一切诏书均以君主的名义发布；宰相执掌具体的国家治理；台谏负责监督。但值得注意的是，这种分权依然是行政权内部的分工，而不同于西方现代社会立法、行政、司法这种不同性质的权力之间的分立。

“开明”的宋代本质上依然是君主专制，并无议会等议事机构。宰相作为宋代的首席执行官发挥了重要的作用，保持了相对的独立性与制度化的运作。但是宋代没有现代的内阁制和责任政府，宰相个人的操守很重要，宋代的明相很多，奸相也不少，比如蔡京、秦桧。

在这样的政治制度下，难免政治权力去垄断某些商业领域。宋代的国有专营制度比汉代和唐代都更为严酷，专营的领域更广，惩罚的制度更严格。凡是主要商品，几乎全在国有专营之列，包括茶、盐、酒、醋、矾以及外贸所得的香药、象牙，等等。商人私自贩运矾超过 1 两、销售矾超过 3 斤，就会被处死，简直比今天贩运、销售毒品都严重。

宋代可谓是中国商人的黄金时代，但是有宋一代却没有出现一个声名显赫的大商贾、企业家。这是为什么呢？根源就在于官商经济，社会财富向政府和官商集团猛烈地集聚。宋朝并没有完善的产权制度，大儒陈亮曾说过："兵皆天子之兵，财皆天子之财，官皆天子之官，民皆天子之民。"也就是说一切都是皇帝的。普通商人之间可以遵循市场规则，但是商人和国家之间则是单向度的，国家拥有不受约束的没收商人财产的权力。

这就是王安石变法发生的制度环境，正是这种制度环境从根本上决定了王安石变法的失败。

王安石的"国进民退"

王安石变法如果能够发挥宋代开明的一面，而避免宋代腐朽的一面，或许能够成功。但恰恰相反，王安石变法基本上没有触动政治体制，没能对宋代制度中的痼疾进行根本性的变革，反而过于依赖既有的政治体制，实行"国进民退"。

王安石变法最重要的内容之一是青苗法，即由政府以低于私人借贷的利率向农民贷款，农民以地里的青苗为贷款做抵押。

青苗法的本意是"摧兼并、济贫乏"，但采取的手段却是"国进民退”。青苗法的具体做法是，每年青黄不接时，由官府向农民贷款，秋后农民再连本带息一并归还官府。官府借出余粮，可解农民燃眉之急；秋后收回利息，可增王朝国库之资。这难道不是两全其美吗？但实际操作下来的结果却极其可怕：国家规定的、充分考虑了农民利益的低息贷款，变成了一种官府垄断的高利贷。利息之高，竟达到原先设定的35倍！为了推行新政，王安石还给地方政府下达了贷款指标，地方官只好硬性摊派，而不管农户是否需要。层层摊派的同时，还层层加码。结果是，老百姓增加了负担，地方官增加了收入。青苗法由官府推行，给了有的官吏通过权力压榨民脂的空间，官吏在放贷时常常强行摊派，将青苗法搞成了“害民之法”。

如果能通过一个独立的商业银行实行青苗法，或许效果会更好，但这在宋代是不可能的。

回到制度上，王安石变法之时，宋代并不存在权力制衡机制。在这种情况下，实行“国进民退”的政策，再好的愿望，落到实地，都难免不被一些心怀不轨的官员利用，以谋取私利。政府把青苗法利率规定为20%，个别官员就可以擅自提高到30%；政府要用交钱代替差役，个别官员就拼命敛钱。任何一种新法，甚至总体上利大于弊的“农田水利法”“方田均税法”都可以成为官员鱼肉百姓的口实。

王安石变法终致失败

1069年，在首都汴梁的延和殿发生了一场重大的政策辩论，辩论的双方是改革派王安石与保守派司马光，辩题是如何解决国家贫弱的问题。历史上把这次辩论称为“延和殿廷辩”。

双方的主要观点是：王安石认为，中央要实行经济集权；司马光认为，要以农为本、藏富于民。

当时的北宋政府面临着财政危机，官俸、宫费、军费、岁币的巨额开支使政府财政入不敷出。面对宋代的积贫积弱，王安石希望增强国力，建立起一套与帝国的政治体制相匹配的经济体制。然而经济天生具有开放的特征，这必然与集中化的经济体制发生矛盾。

王安石变法的确增加了财政收入。实行数年后，全国财政收入从宋初的 1600 多万贯增加到 6000 多万贯。史书评论“中外府库无不充衍，小邑所积钱米亦不减二十万”。但是，国富的同时，民没有富，社会怨声载道。王安石变法以增加财政收入、增强国力为目的，手段主要是加强政府对经济活动的控制，其出发点并非利民和藏富于民，因而也不可能采取发挥商人的积极性的手段。由此看来，当时的保守派也并非“面目可憎”。

王安石变法在当时背上了扰民和聚敛的恶名，甚至发生了东明县农民 1000 多人集体进京上访，在王安石住宅前闹事。被王安石奖掖提携的小官郑侠在熙宁七年（1074 年）四月画了一张《流民图》进呈天子，恳请皇帝罢废王安石的害民之法。最终，宋神宗不得不下诏暂停新法。

在政治权力对商业空间的压迫之下，自古以来，中国的产业资本就很难在实体经济领域进行有效积累。负有盛名的王安石变法也终致失败，个中原因值得反思。

明朝的商品经济为何没能走向市场经济?

中国古代王朝具有一个周期律，即开国时政治清明，然后中兴，最后衰落。然而有趣的是，商业发展却与这种王朝统治的趋势相背离，并不随着王朝政治的衰败而衰败，有时反而随着王朝政治的衰败而出现商业相对繁荣的逆生长现象，明朝在这方面具有典型性。明朝实行抑商政策，而随着王朝统治的变弱，商业得以从夹缝中生长，加之官府腐败，给官商合谋营利提供了机会。这种商业繁荣可称为无序的商业繁荣。但是由于特权阶层对商业利益的盘剥，这种商业繁荣难以持续，这也可以解释为何我国在明朝出现了资本主义萌芽却未能实现生产力质的飞跃。

明朝经济持续增长，但未出现实质性高速增长

根据汤纲和南炳文所著的《明史》，以 1449 年土木堡之变和 1581 年张居正实行一条鞭法为界，明朝分为前期、中期和后期。前期（1402–1449 年），明朝 GDP 的年平均增长率为 0.410%；中期（1450–1581 年），明朝 GDP 的年平均增长率为 0.382%；晚期（1582–1626 年），明朝 GDP 的年平均增长率为 –0.098%。从以小麦计值的人均收入看，明朝初期是 6–6.3 公石，到 16 世纪初，最高曾经达到 6.5–6.9 公石，在 16 世纪后半期下降到 5.2–5.4 公石，明朝后期基本稳定在 5.5–6 公石。

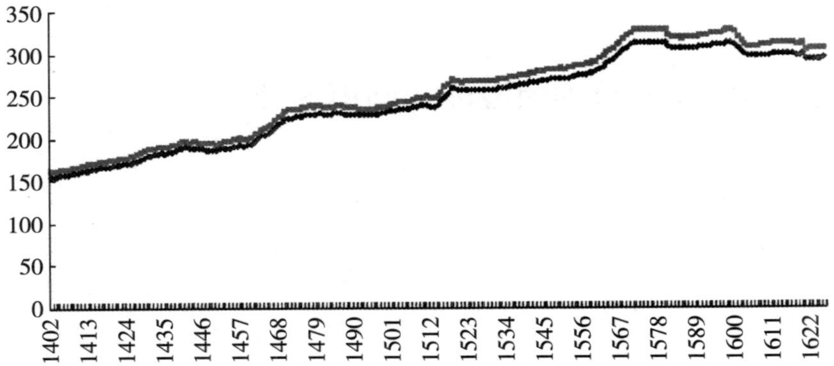

图 1　明代实际 GDP（1402–1626 年）单位：百万银两，1402 年价格

明朝末期，战乱四起，属于非常时期，并不具有典型意义。总体来看，整个明朝时期的 GDP 总量保持稳步增长，但未出现实质性高速增长；人均收入几乎没有实质性的增长。世界各国的古代社会基本都是这种情况。

明朝中后期商业的发展

从正统至嘉靖前期的百年间，是明王朝由盛转衰的阶段。在此期间，吏治走向衰败与腐朽，但商品经济却得到了顽强发展，主要表现为商品种类的丰富、产值的增加以及民营经济的兴起。以下数据印证了这一趋势：

根据范金民、金文合著的《江南丝绸史研究》，明正德年间，丝织业恢复到元朝的水平，嘉靖朝之后，逐渐发展到鼎盛阶段。明朝前期民间丝织业每年产值为 127000 两，嘉靖以后为 380000 两。洪武二十四年（1391 年），湖州府共税丝绵 661072 两，到嘉靖元年，湖州府丝绵税额增为 826262 两。天下桑蚕属江南，而杭州府则是江南桑蚕的一个重点产区。洪武时期，杭州府夏税丝 409448 两，成化十八年（1482 年）增至 674889 两，隆庆六年（1572 年）增至 684616 两，较洪武年间增长了

67%。苏州府的桑树种植在元代时曾达到270000株，洪武时减为151700株，弘治十六年（1503年）增加到240903株。

明朝洪武年间，因为铁的库存太多，朝廷实施去库存的政策，两次下诏罢停各处官营铁冶。从此以后，官营铁冶逐渐减少，民营铁冶大量出现，而且私铁的价格大大低于官铁。永乐年间又恢复了官营铁冶，但规模不及洪武年间，且呈逐渐萎缩的状况，最大的遵化铁冶于万历九年（1581年）关闭，最终结束了官营铁冶。根据王毓铨主编的《中国经济通史·明朝经济卷》测算，永乐元年（1403年），全国铁产量为1197000余斤，宣德九年（1434年）的铁产量则为8329000余斤。宣德九年的产量约为永乐元年的7倍。到嘉靖年间，达到巅峰的年产2000多万斤。这些产量增长主要是民营经济贡献的。

制瓷业也分官营和民营。官窑主要生产宫廷使用的瓷器，民窑则主要生产生活用瓷器，产量远大于官窑，还销往国外。景德镇洪武二十四年（1391年）窑冶课钞22412贯，折米896.4石。到了正德五年，窑冶课钞增加到641锭2贯540文，折米1283. 016石，比洪武二十四年增加了43%。

商品经济的这种高速增长趋势与GDP的缓慢增长状况形成了鲜明的对比。

夹缝中生长

到嘉靖万历时期，民间手工业已渐居主要地位，尤其是长江下游地区纺织业发展迅速。然而，明朝商业的繁荣并非在现代市场经济发育的一般条件下产生的，而是在政治腐败的夹缝中生长出来的。

首先，明朝对商业的轻视反而促进了商业的发展。明朝前期由于轻视商业价值，因而设定了较轻的商业税率，轻税降低了商人的经营成本，有利于商人实力的增加。明初征收商税“俱三十税一，不得多收”，这个税率比宋元都要轻。明朝中期，钞法已行不通，宝钞较原来的法定价值已相去甚远，但当时地方税课征收仍然收钞。到了后来，宝钞完全无法流通，地方征税便以时价将钞折合成银，商人实际支付的税额不到原价的 1/10。明朝的税收负担不断转移到田亩中，一条鞭法全面实施后，商税也部分摊入田亩，使实际的商业税率变轻，以致当时的人们认为“农闲而商宽”。商税相对减轻，自然会驱使更多的农人转向商业，一些商人集团开始形成。张居正改革后，明朝的政策在实际运作中开始向商业倾斜。明朝后期，各地政府实行了一些实际上减轻商人特别是行商负担的税收措施，促进了商品的交易和流通。嘉靖四年（1525 年），苏州、松江、常州、镇江等江南商品经济较为发达的地区，在巡按御史朱实昌的奏议下，重新厘定门摊税，将原来由各税课司局征收的客货店铺门摊等税更定为门摊税，一律改由城市各行铺户办纳，而不征商品税。城镇铺户，依据贫富确定税收等级，税额一定，简便易行，避免了扰商。只征摊位税而不征商品税的做法特别有利于行商。[1] 这促进了商品流通范围的扩大。

其次，奢靡之风刺激了商业需求。明朝丝织业分为官营和民营两个部分，官营丝织业又分为中央和地方两个部分。官营丝织业的产品主要是进奉宫廷、织造龙衣官袍、用于公务等。《明史》云：“两京织染，内外皆置局。内局以应上供，外局以备公用。”官营织染局的产量增长主要源于朝廷的加派。自嘉靖三十三年（1554 年）至隆庆六年（1572 年）的 19 年中，至少每年派织平均达 6287 匹。万历三年（1575 年）至三十九年（1611 年）的 37 年中，前后派织改造共 696920 匹（其中改造

[1] 参见范金民：《国计民生：明清社会经济新析》，江苏人民出版社 2018 年版。

45390 匹），平均每年为 18836 匹，为嘉靖后期至隆庆年间加派的 3 倍。到天启初年，加派达到顶峰，天启前 3 年中，平均每年派织改造 53779 套匹，几乎是万历年间的 3 倍。派织增加固然与冗官增多和皇族繁衍有关，但更与特权阶层的贪欲膨胀有关。加派不仅数额巨大，而且织造要求极高。额定岁造宽 1 尺 8 寸 5 分、长 3 丈 2 尺，而万历年间加派的缎匹达到宽 2 尺、长 4 丈 2 尺，而且对花色和式样都提出了更高的要求。要满足朝廷这种奢靡的需求，光有官营丝织业是不够的，民营丝织业就此得到相当的发展。派织品的增多，使得额定岁造难以完成。由于官营织局的编制和规模有限，只能集中精力于要求甚高的加派，于是把岁造任务交给民间织户。按规定，局内制造由内官督理，而局外制造由地方有司监管。地方官员在一定程度上会考虑地方经济发展，因而一般给织户一些优待，这促进了民间丝织业的发展。

再次，执法走样，制度变形。私盐的滋生恰好说明了这一点。明初，朝廷按户口给盐，即根据州县人口数及其他需要（比如腌制鱼类），来确定实际食盐生产定额和行销引目（商人贩运、销售食盐的数量）。天下所有吃盐的户口，都要交“盐粮”或者“盐钞”。由此建立起了严格的盐业管控制度。可是，人民即使交了盐税，也不能轻易地就拿到盐，而要由州县的官员派人到盐运司（省级盐运衙门）那里领取食盐回来，再分发给吃盐群众。食盐配给通过里长来完成。但是随着食盐库存的增加，明中叶以后，官府不再实行配给制，而是向各户摊派收买。民户无论贫富都要交钱，人民不堪其扰。于是官府给盐市放开了口子，允许富商收购再进行销售。此时，商人销盐与官府的配给制已有本质上的不同，商人开始在盐业扮演越来越重要的角色。不过，对于什么人可以经营盐店，官府也要管，盐店商人是由官府指派的铺户，必须经官府佥选才有资格。这种食盐销售依然没有摆脱户口盐配给制的阴影，只不过由官府收钱变为商人收钱而已。作为直接消费者的民户并不是通过市场去购买食盐，而是向官佥铺户上缴户口盐价，由官佥的富商收钱。虽然明朝严禁私盐，但法律总有例外，官商勾结使私盐贩卖愈演愈烈，最终瓦解了官盐的正统地位。这从破除政企不分、官营垄断的角度而言具有积极价值，但最终利益难免为个别官员和商人所垄断。私盐的来源主要是奏讨盐引、奏讨残盐和赏赐盐，类似于双轨制经济下的批条子。从成化时期到万历中期，权贵奏讨盐引成为全国私盐市场的主体，而一般的商民所贩私盐与之相比不过是小巫见大巫。

复次，官营产业管理混乱。明朝实行工匠制度，对工匠另立匠籍。工匠的社会地位较低，工匠内部的编制和等级严密。工匠制度还把个体手工业者划入匠籍，集中于京师，让他们为官府进行强制性劳动，这压制了他们的生产积极性。于是工匠们采取怠工、失班、隐冒和逃亡等方式不断进行反抗。工匠的反抗使官营手工业几乎处于瘫痪状态，另一方面，私营手工业则不断发展壮大。统治者意识到，与其维持腐朽的官营手工业，把工匠限制在京师，不如改为向工匠征收银两。成化二十一年（1485 年），明政府发布班匠以银代役的法令。属于匠籍的工匠可以选择交纳银两，而不必进京。到嘉靖四十一年（1562 年），随着银币在全国范围内的流通，全国一律采取了以银代役的做法。在这种政策的作用下，工匠制度基本瓦解，从而形成“官搭民造”的局面，解开了工匠身上的束缚，提高了生产效率。在丝织业，随着工匠制度的瓦解，官营织染局勉强维持生产，有的采取雇用工匠的办法，有的采取停产市买的办法，有的采取利用民机领织的办法，官营织染局名存实亡。与之相对应的是，民间丝织业的兴起。此外，在政府库存物料管理方面，存在官吏的贪污和监守自盗等种种舞弊行为，库存物料难以充分保证官营手工业的发展，官营手工业的产品质量差，其没落成为必然。

最后，控制薄弱，流民滋生。明朝民矿开采的发达主要与政府控制力量的薄弱有关。明朝政府严禁盗矿，但在现实中却很难执行。明朝中期以后，大批破产农民的出现为开矿提供了劳动力资源。自嘉靖时起，里甲制度衰落，里甲不再能发挥控制劳动人口的作用，无田者成为世外游民，这为商业发展提供了劳动力大军。

无序繁荣难以持续

明朝中后期的商业发展一定程度上是政治腐败的副产品，但切不可由此得出结论，认为腐败有利于社会发展。从明朝中期开始，农业在经济中的比重呈显著下降趋势，但农业所占比重始终没有下降到 80% 以下；到了明朝后期，农业比重又重新上升，商业最终没有发展壮大起来。正是腐败阻碍了明朝商业的进一步发展，扼杀了资本主义萌芽，未能使中国实现生产力的突破性飞跃。

第一，基础设施的薄弱。明朝的税率始终处于较低水平，大多数地区的田赋率在 5% 以下。在明朝初期，政府财政收入占总产值的比重在 7% 左右。自洪熙宣德年间以后，政府减免田赋，停止对外战争，并且取消劳民伤财的海上远航，政府财政收入占总产值的比重逐渐下降，到 15 世纪末和 16 世纪初期下降到不到 4%。但是，从明朝中后期开始，政府收入的增长速度远超过经济规模的增长，政府收入占总产值的比重又上升到 5% 以上，在征收“三饷”的最高峰时，达到将近 9% 的水平，将全部年份加总后平均，政府收入占总产值的比重在 5%−5.3%。即便如此，明朝的赋税水平相比其他朝代依然较低。但明朝的公共财政主要用于宫廷和皇族的奢侈型消费，以及军费开支，而很少用于公共工程和基础设施建设，对经济的推动作用有限。在明朝的轻商政策下，政府对商业贸易活动的基础设施投入更少。最重要的漕粮系统和运河管理都不能从中央财政获得支持，水路是由地方无偿征发徭役来维持，无法从中央得到任何补助。

第二，官吏的贪污和盘剥。在政府采购项目中，普遍存在官吏从中拿回扣、勒索等行为，这抬高了民营工商业的生产成本。随着商业的逐步繁荣，政府看中了这块肥肉。万历年间，明政府曾派大量宦官充当矿监税使，到各地掠夺财富。宦官税使甚至对过境的柴米油盐都要征税，造成“无物不税、无处不税、无人不税”的局面。自万历二十六年（1598年）至三十四年（1606年），这批人掠夺上缴的财富据不完全统计共搜银6710000余两，金22000余两，由于还有私自留存，实际掠夺金银的数额更大，估计可达四五千万两银子，除此之外，还有大量珍宝等。这种野蛮掠夺破坏了社会的正常生产秩序，出现了“商贾断绝，城邑罢市”的现象。这次劫掠后，明政府又把上缴的银额固定化为每年上缴的正额商税。统治阶层凭借特权侵占商利，导致“亏损国课”“私藏厚殖”“令商贾无所牟利”局面的出现。

第三，中间人的掠夺。官吏往往不亲自出面与民争利，而是通过中间人进行掠夺，然后分赃。一是利用行会、牙行盘剥商人。明朝中期开始，各大城市都出现了行会、会馆组织，但这些行会并非商人的自治组织，其实控人往往是官吏，无法起到维护工商业者利益的作用。牙行是商品生产者与客商之间的中介。以丝织业为例，丝行负责收购农家所产蚕丝，然后交给机户生产；绸行负责收购机户生产的丝织品，然后卖给各地客商。牙行既控制着机户的生产和经营，又垄断着市场贸易。牙行一般由权势家族掌管，他们拥有雄厚的经济实力，还凭借关系可以向官府领取牙贴，然后再私下与个别官员分利。牙行垄断某一行业的经营权，欺行霸市，敲诈勒索，人称“行霸”。二是放纵地头蛇讹诈商户、掠夺商贩。明清之际江浙地区有一恶俗，称为“白拉”，即流氓棍徒横行市镇。

由于无赖横行，外地客商深受其害，而不敢到当地做生意。这些做法既盘剥了普通商人，也挖了政府墙脚，只有少数官商勾结者获益。

第四，重工业几乎没有发展。明朝商业的兴盛很大程度上与特权阶层的奢靡之风有关，因而导致消费品市场发达，而其他产业并不发达。在嘉靖万历年间，江浙地区的市镇迅速发展，有的规模甚至抵得上州县。但这些市镇大部分都与消费品生产有关系，如丝织业、棉织业、榨油业等。与现代工业革命密切相关的产业在明朝则没有什么大的发展。

由于政治腐败，明朝商业始终未能取得突破性发展。从无序的商品经济到建立有序的市场经济，还要推迟到许多年后了。

万历年间的古今中西之辩

《万历十五年》因电视剧《人民的名义》而再次走红。中国明朝万历年间（1573 年 9 月 4 日至 1620 年 8 月 18 日）的确是中国历史上一个重要的时期，在这一时期，发生了思想上的古与今、中与西的交锋。然而最终思想启蒙的火苗被浇灭，文艺复兴没能在中国发生。

何心隐的乌托邦

16 世纪，与莫尔的空想社会主义名著《乌托邦》的发表几乎同时，中国也出现了一次乌托邦实验。

何心隐，原名梁汝元，属于泰州学派。泰州学派的创始人为王阳明的弟子王艮，但是由于王阳明突然去世，对自己的学说没来得及充分阐释，泰州学派属于王学正统还是末流存在争议。何心隐师事王艮的再传弟子颜钧，他继承了王艮的乌托邦理想，并以行动而为之奋斗。

何心隐的第一步行动是“齐家”。嘉靖三十二年（1553 年），何心隐献出全部家产，在家乡建立了一个主张自由、平等、共和的社团，取名为“聚和堂”（亦作萃和堂）。在这个堂里，财产共有，教育免费，国家赋税由聚和堂按全体田亩数计算统一交纳。堂里所有人有福同享、有难同当、老有所养，理想是“天下为公、世界大同”。经济上，聚和堂组织严密、分工精细，实行小农经济的合作化经营。管理上，聚和堂设率教（校长）1 人、率养（总务长）1 人、辅教（教员）3 人、辅养（总务）3 人，下面又设维教（助教）、维养若干人，这些人分别掌管行政、教学、生活等问题。

何心隐还对中国古代社会的人伦关系——五伦发起了攻击。五伦为君臣、夫妇、父子、兄弟、朋友，形成了一种家国同构的伦理模式。而何心隐的乌托邦是要破除家庭私有制，他希望以个体为基础，由下而上建立新道统。何心隐“人人平等”的主张吸引了许多士子。

嘉靖三十八年（1559 年），正当聚和堂“行之有成”的时候，永丰县令强迫人民在赋役之外缴纳银两，遭到人民的强烈反抗，役差被杀伤。由于何心隐是民众中的敢言者，县令便把罪名全加在他头上，捕何心隐入狱，判以绞罪。何心隐后经友人奋力相救而出狱，但聚和堂不得不解体了。

嘉靖三十九年（1560 年），何心隐来北京讲学。当时内阁大学士徐阶广泛邀集士大夫讲学。这是何心隐与时任国子监司业的张居正第一次相遇。颇受欢迎的何心隐却遭遇了张居正的冷漠，这昭示了二人日后的对立。

何心隐来京讲学之时正值严嵩秉政，他定下密计借助道士乩语来动摇嘉靖皇帝对严嵩的信任。此事被严党知悉，欲加害何心隐。原名梁汝元的他从此改名何心隐，遁迹江湖。

严嵩下台后，何心隐继续在各地讲学，他的主张日益不容于官府。然而何心隐的影响却并未因此削弱。乌托邦思想在中国很有市场，何心隐的崛起就是证明。何心隐每到一处书院，学子们就趋之若鹜。然而何心隐具有无政府主义的倾向，他不仅蔑视既有道德体系，还鼓动学生殴打官员，聚众闹事。在何心隐风头正盛之时，遭到了张居正的抵制，他的理想又一次受阻。

万历四年（1576 年），张居正门生、湖广巡抚陈瑞下通缉令抓捕何心隐，何心隐逃亡泰州。万历五年（1577年），何心隐第二次逃脱追捕，前往祁门县。万历七年（1579年）三月初二，何心隐在祁门县被捕，押往湖南。九月初二，何心隐死于湖广巡抚王之垣的乱棒之下。

张居正的拨乱反正

张居正是中国历史上的名臣。隆庆六年（1572年，岁次壬申）发生了著名的“壬申政变”。当时隆庆皇帝刚刚去世，万历皇帝继位后的第六天便下诏驱斥原首辅高拱，改由张居正主持内阁政务，从而开启了“江陵柄政”（张居正为湖北江陵人，时人又称其为张江陵）时期，一直到万历十年（1582年）六月张居正去世为止，为期恰好十年。“江陵柄政”是时人和后代史家对张居正大权独揽主持国政阶段的形象说法。张居正在任内阁首辅十年中，实行了一系列改革措施，重振朝纲。张居正尊崇实学，虽然他本人没有留下系统的学术著作，但他的思想体现在了其执政行为以及大量的言论中。

儒学经过上千年的发展，弊端愈来愈多，主要体现为人欲与天理的紧张矛盾始终未能解决，造成士人的虚伪人格。明朝尊崇程朱理学，维护皇权纲纪。王阳明试图以心学改造理学，意在解决人欲与天理的矛盾。但问题不仅没有解决，在现实中思想却愈发混乱，玄虚之风强盛。隆庆时期，内阁的徐阶、李春芳、赵贞吉均崇尚阳明之学，支持讲学。不可否认，徐阶的隐忍与低调对于瓦解严嵩集团起到了关键作用，但是成为内阁首辅后，徐阶的优点就变为了缺点，他对于时代变化和民间疾苦感觉迟钝，政策上采取守城的姿态，支持讲学也有聚众树势之嫌。李春芳则缺乏独立思考的能力，没有承担责任的魄力和勇气。赵贞吉与李春芳截然不同，他性格刚直，但在政见上却很保守。

面对泰州学派对传统思想的批判，面对世风日下，张居正坚持正统儒家在意识形态中的地位，反对讲学活动。早在隆庆四年（1570 年），张居正就与高拱联手禁止各省官员主持讲学。

张居正柄政后，打击讲学主要针对当时著名的何心隐、管志道、罗汝芳等人。张居正反对空谈误国，但是当时何心隐等人的号召力极大，张居正意识到必须釜底抽薪，毁掉支撑讲学的江南各地的书院，以免其继续影响心思单纯、充满激情的学生们。万历三年（1575 年），张居正请敕吏部整顿官学。万历七年（1579 年），张居正进一步拟旨，诏毁天下书院，在全国范围内掀起了一场大规模的禁止私人讲学运动。当时有的书院在兴建过程中存在科敛民财现象，张居正以此为突破点，改书院为官学，恢复以儒家教育为正统，以四书五经为必修。面对此种情形，在言论环境严苛的情况下，何心隐作万言书《原学原讲》，详述讲学的历史，要求开放学术讨论。

像中国历史上许多改革家一样，张居正在意识形态上坚持正统，以减少改革阻力，但在经济政策上却大胆革新。与中国历来的重农抑商不同，张居正主张重商利农、厚农资商，体现出了一种有中国特色的儒家商品经济思想。

张居正在隆庆朝提出的《陈六事疏》可以视作其基本的执政纲领。文中所言六事指：省议论、振纪纲、重诏令、核名实、固邦本、饬武备。第一，省议论。明代中叶以后的官风虚浮轻躁，喜欢高谈阔论，却不切实际，或者迎合上意，见风使舵。因而张居正把“省议论”置于第一条，希望不搞争论。第二，振纪纲。内容包括尊主权、课吏职、信赏罚、一号令。这一条主要是针对当时官场的腐败堕落。第三，重诏令。这一条强调政令的落实，令行禁止，提高行政效率，其中也隐含着要求皇帝郑重地使用诏令的意思。第四，核名实。这一条主要指用人方面要注重真才实学，是张居正后来推行“考成法”的张本。第五，固邦本。所谓邦本，就是人民。固邦本就要以经济建设为中心，使人民安居乐业。第六，饬武备。这一条主要是针对北虏南倭问题而提出，建议君主每年或隔年在北京阅兵。但这一条的效果不佳，助长了皇帝的虚荣之心，对于提升军力、整顿军纪的作用不大。

张居正柄政之初，面临着极其严峻的经济形势，他实行了开源节流的财政政策。一条鞭法是张居正最为著名的改革举措。一条鞭法以田亩作为计算税负的基本单位，将力差改为银差，冲击了当时的户口管理制度。自秦确立了编户齐民的制度之后，历代统治者往往用户籍制度来实现对全国人民的严格管理，加强对人民的人身控制，限制人口流动，固化人们的经济地位。但是在现实中，农村人口逃亡或瞒报的情况很普遍，这无疑减少了税基。改行一条鞭法，只需计亩征税，税收征管更为科学，同时解除了户籍对人身的束缚，农民有了从事工商业的自由，为城市工商业发展提供了劳动力资源。

张居正主政期间，还着手修订了明万历《问刑条例》，其主导精神是驭吏从严，执法从重。该条例虽然主要是因袭旧律，仅小加修改，但旧律之前长期没有得到认真执行，张居正主政时，则是严格按律执法，同时也反对非法暴刑。

综观张居正的施政举措，渗透了法家思想，但他却闭口不谈法家，而强调自己是从儒家正统出发。从经济和稳定方面来看，张居正的实干精神起到了兴邦的作用，延缓了明朝的衰亡。但是张居正对于讲学的打击有维护既有统治的考虑，遏制了民间的思想自由。

万历十年（1582 年），张居正去世。由于张居正在位时大权独揽，使年轻的皇帝心生反感。张居正一去世，万历皇帝就开始清算他，削官夺爵，子弟流放。张居正主持的改革事业随之戛然而止，各方面政策截然倒退，政局腐败混乱，社会经济日益恶化。

李贽的自由主义

李贽也属于泰州学派，在思想上对孔孟之道的批判更为彻底。他否定孔孟、诽毁程朱，从禅学的角度阐释阳明之学，主张循自然之道。然而与何心隐等人主张“天下为公”不同，李贽认为“私”大于一切，崇尚“天下为私”。

隆庆六年（1572年），李贽为追求身心自由，辞去官职。

万历十六年（1588年），由于天气炎热，李贽剃了个光头，但保留了胡须。然而这件事被传为李贽剃发出家。这一举动与儒家理念相违背。儒家伦理认为，身体发肤，受之父母，不敢毁伤。而且儒家主张士大夫要承担公共责任，而不应消极避世。其实李贽剃发并非偶然，他以此表明自己厌倦名利的心态，做一个名副其实的异端。不过，李贽具有躁动不安的内心和狂放不羁的个性，从未忘怀于建功立业，这使他无法敛锋随缘，成为一名真正的好和尚。

李贽与意大利传教士利玛窦有过三次会面。万历二十七年（1599年），李贽从朋友口中听说了利玛窦，怀着好奇心，李贽决定登门拜访。利玛窦对“名震一时”的李贽的来访也很高兴。通过交谈，李贽给予了利玛窦极高的评价：“一极标致人也。中极玲珑，外极朴实。”通过与利玛窦的交往，李贽感到了中国文化与西方文化的差别，对于批判儒家有了更深的体悟。看到天主教徒给百姓布施，李贽感动于天主教对百姓充满仁爱，而当时的佛教已经变得追名逐利，而且很多佛教徒不学无术。万历二十八年（1600年），李贽与利玛窦在来山东治河的工部刘东星的衙署第三次相见。这次相会在二人的著作中都有记述。当时大多数士大夫看重的是利玛窦所掌握的西方科技，而李贽是少有的对西方文化本身发生兴趣的中国知识分子，这一点在他晚年的著作《九正易因》中有所反映。在该书中，李贽阐发了与“上帝面前人人平等”类似的观点，他强调每一物、每个人的平等性和独立性，打破了儒学对天、对圣人的崇拜。

万历三十年（1602年），万历皇帝意识到当时的思想混乱对于国家的不利影响，他以“惑世诬民”的罪名下诏拘捕李贽，以重申独尊儒家，整肃学风，李贽忧愤自杀于诏狱之中。

李贽受到了王阳明思想的影响，但是在对个体重要性的阐述上比王阳明更进一步。王阳明虽也倡言为己，实则无己，只是强调通过修身而达到治国平天下，落脚点不是个体。而李贽的落脚点在于每个个体之上，是为生命之本而服务。《藏书》是李贽的代表作，书中不以道德律条作为判别人物高下的尺度，而是以人物的事功大小来品评定位，体现了一种新的历史观和价值观。

李贽虽然与何心隐的主张不尽相同，但是他景仰何心隐面对强权视死如归的豪迈精神，专门撰写《何心隐论》，颂扬何心隐是一条不悔的亢龙，为“上九”之大人。李贽对于张居正禁止讲学、钳制言论的措施很不满。但是在张居正死后受到清算之时，李贽却为张居正打抱不平，特意致信友人不要落井下石，体现了李贽一贯的思想独立精神，不攀附权贵，不趋炎附势。李贽断言张居正为“大有助于社稷者”，他主要支持张居正的三大政策：一是“考成法”，整顿吏治，提高行政效率；二是“一条鞭法”，限制豪强，培植邦本；三是和平相处的边防政策。李贽反对中国历代实行的抑商政策，支持自由竞争的合理性，呼吁创造人尽其才的环境，根据事功评价人物，这些方面与张居正有相通之处。

总体而言，李贽的思想体现了对于“人欲”和个体的重视，这对于历来重视集体、家庭的中国传统思想具有颠覆意义。然而值得注意的是，西方的自由主义思想在强调个人利益的同时，也强调公共利益，并且侧重于构建一套完善的权力制衡制度和社会契约理论来保障个体权利。这些在李贽的思想中是空缺的，李贽缺乏对通过制度建构来保障个人自由的思考。李贽的自由主义缺乏完整的人本主义思想体系，主要是从当时中国的社会弊病出发而形成的直觉判断。他对于人欲的强调导向了追求利欲，视道德为浮云，这种思想很难见容于当时的中国社会。

利玛窦的中西交通

意大利文艺复兴使欧洲文化空前繁荣。远洋商队、探险队和传教士们带着欧洲的科技、文化、宗教和商品奔向全世界。随着海外贸易的迅速发展和环球大发现时代的来临，欧洲人发现了中国。万历十一年（1583年），30岁的天主教教士利玛窦随意大利人罗明坚来到广州肇庆。罗明坚回罗马后，便由利玛窦主持在中国内地的传教活动。

来华后，利玛窦先是在肇庆知府王泮的支持下，用600块金币建了一座教堂。王泮从中国人的视角理解教堂，在教堂建成后，他送了两块匾，分别书写“鲜花寺”和“西来净土”。而利玛窦则在教堂里尽力展示西方文明，带来了许多西方科技发展的成果，如钟表、地球仪等。利玛窦还吸引了一些中国人入教。然而好景不长，王泮升迁后，新来的总督驱逐了利玛窦，并把教堂财产据为已有。

离开肇庆后，利玛窦来到了邻近江西的韶州。江西是宋明理学的发源地，利玛窦来韶州有着与儒学进行交流的考虑。儒学是中国的国学，天主教要想在中国立足，需要与儒学进行对话，取得认同。为此，利玛窦翻阅儒学经典，研究儒学的产生和演变。万历二十二年（1594年），利玛窦在韶州开始撰写《天主实义》。

万历二十三年（1595年），《天主实义》初刻本在南昌出版。此书运用儒学的话语体系来叙述天主教，但目的是实现“超儒”，主张服从教皇，教皇享有最尊位。这一点威胁到了东方既有的统治秩序，为天主教在中国的被禁埋下了伏笔。相比中国，当时的日本实施了非常严厉的禁教措施。

同年，利玛窦参观了当年朱熹讲学的白鹿洞书院，并在儒学重地江西宣扬关于上帝的观念。利玛窦注意打通天主教与儒学理论，并不直接引用《圣经》，而是运用西方逻辑学进行推理论证。他主要依据的是中世纪的经院哲学，尤其是托马斯·阿奎那的神学理论。

万历二十六年(1598年)，因上北京未果，利玛窦进入南京。在文人雅士聚集的胜棋楼，利玛窦与南京大报恩寺住持雪浪大师进行了一场天主教与佛教的辩论。利玛窦首先从世界的本源这一命题开始阐明己方的见解。在辩论中，利玛窦、雪浪显然都对对方的义理不甚熟悉，言语中也多有轻视之意。惜乎雪浪最后并没有在著作中留下只言片语，而利玛窦则直言不讳地说这位大和尚最后理屈词穷地输掉了辩论。真相不得而知，但从现有的记录来看，利玛窦利用西方科学主义的“实”学攻击雪浪的“虚”学，其所运用的西方逻辑学更胜一筹。早在罗马学院的学习过程中，利玛窦就对逻辑学狠下功夫，而正是这种重视逻辑的精神助推了西方近代文明的发展。

万历二十九年(1601年)，通过包括李贽在内的书信引荐，利玛窦终于获准进京，但利玛窦只获得了画像觐见的机会。然而利玛窦带来的西方科学技术受到了士大夫的普遍欢迎，利玛窦对中华文明的认同也使他很快结交了很多朋友。经过多方努力，利玛窦获得了在京城的永久居住权。

利玛窦成功留在北京，对于中西文化交流意义重大。就是在利玛窦居住北京期间，他与徐光启合译了《几何原本》和《测量法义》，指导李之藻编译了《同文算指》。不过值得注意的是，由于利玛窦在华生活，对于西方最新的科技成果并不了解，他所带来的西方科学知识依然是落后的。但不可否认这些著作是中国人接触西方科学技术的窗口，对于缺乏公理化、系统化、符号化的科学体系的中国人来说具有思想解放意义，有助于中国知识分子科学世界观的形成和逻辑学知识的掌握。

利玛窦来中国的本意是传教，他非常重视方式方法，注重与中国本土文化相结合。对于一些与宗教无关的风俗，利玛窦基本持支持态度。比如利玛窦认为，祭祖是中国人用来维系孝道的伦理习俗，不是基督教所禁止的偶像崇拜，不应作为异教仪式而排斥。不过，他仍希望中国人在皈依基督教之后，把孝心转化为对穷人的爱心。关于祭孔，利玛窦也进行了世俗化的解读，认为这种行为是中国士大夫因孔子的学说而得到功名所表示的感谢。虽然利玛窦的理解并不准确，但是他的想法有利于中西思想的交通，有利于天主教在中国的传播。徐光启、瞿汝夔、李之藻等士大夫都先后加入了天主教。

利玛窦对于中国当时的政治运行给予了积极肯定的评价。这主要是由于张居正改革后，中国的政治系统变得很有效率。虽然张居正死后，万历皇帝荒怠朝政，但并不影响利玛窦对中国政治的赞誉，中国政治的高度集中和稳定令他尤为羡慕。利玛窦的意大利文著作《耶稣会与天主教进入中国史》对欧洲启蒙运动产生了一定影响，一些启蒙运动的思想家借助其中描绘的理想化的中国来讴歌人性、赞美理性和人的权利。

从天主教教义出发，利玛窦也对儒家的三纲五常进行了批判。利玛窦认为，在五伦之上应该加上“大伦”，即对上帝的信仰。耶稣会士所主张的绝色不娶直接与儒家主张的孝道相冲突。利玛窦认为如果以有后无后作为道德评价标准，就会造成不公正。他从否定孝道进一步上升到了对皇权的否定。这种观点又与何心隐的平等观、李贽的自由观相呼应。然而，利玛窦对纲常的否定后来亦成为反教士大夫攻击的靶子。

绝对排斥、对立的观念在中国文化思想中并不多见，中国人更注重融合精神。虽然利玛窦进行了种种变通，但他本质上是主张绝对真理、唯一真教的，体现了西方哲学中非此即彼的形而上学思维。利玛窦自然不会接受儒学为正道。异质文化之间很难通约，何况是在中西接触的最初时刻。这种思维上的差异为后来的冲突埋下了伏笔。

擦肩而过的思想启蒙

明代中后期，面对政治腐败、纲纪松弛、物欲横流的社会现实，有的知识分子走向重整学术、挽救世风的道路，如张居正；有的知识分子独辟蹊径，集聚民间力量，寻求变革之路，如何心隐；有的知识分子则离开仕途，关注自我生命的顺适和身心的安顿，如李贽。在面对西学的输入时，中国知识分子主要从实用主义出发，学习西方的科学技术，而对于西方科技背后的人文精神和制度背景较少探究，或者一时难以接受。

明清之时，中国虽然出现了诸多对于儒家正统思想的反思甚至批判，但其现实影响有限，这是政治、经济、社会、思想等多方面因素造成的。政治上，中央集权压制了多元思想的发展，而中国历史上往往是处于分裂状态时才有百家争鸣的局面。经济上，中国当时依然以农业经济为主，商品经济并未形成规模。社会上，中国提出异见者主要仍是士大夫，没有出现新的社会阶层。思想上，提出异见的士大夫主要是基于自身经历所发的感想，未能形成范式突破和系统的理论体系。无论怎样，当时的中国知识分子都没能走出传统的窠臼，形成中国的启蒙运动。

中国历史上的累退税制

看过电视剧《雍正王朝》的人，会对雍正“士绅一体当差一体纳粮”的改革措施印象深刻。这一措施针对的是中国历史上“挣得少，缴税多”的累退征税制度。

累退征税制度与累进征税制度相对，简单来说就是对收入少的人征更多的税。而累进征税则是根据纳税人能力和纳税人从政府公共服务中获得的利益来进行征税。明清之时实行了“国家养士”的政策，只要参加院试以后得到了廪生，也就是秀才的身份后，就可以免徭役赋税，同时官员地主一类真正富有的人也可以免除劳役之苦、不用交纳公粮。这种累退征税制度让负担能力高者承担更低的税负，而让负担能力低者承担更高的税负，不符合税收合理负担、应能负担的原则，在现代社会一般不被采用，除非是政府为了达到限制、禁止或不允许小生产经营的目的。但是与现代社会通过税率来制度化地实行累退征税不同，我国古代社会的累退征税主要是一种等级特权制度，这种制度对中国的历史发展影响甚大。

雍正的“士绅一体当差一体纳粮”政策是对特权阶层和普通百姓一视同仁，让他们一律服劳役和交税。但是这个政策遭到了既得利益阶层的强烈抵制，乾隆时期就放弃了这项政策。实际上，士绅阶层的免税特权看似是对他们的优惠，实则削弱了他们对皇权的要价和制衡能力。在西方封建社会，地主与国王的关系是封臣与领主的关系，二者具有权利义务的对等性。国王首先将土地分封给直属封臣，他们在封建土地关系中成为位列国王之下的第一土地保有人，一般也是“贵族”。凡领地者必须宣誓效忠，为国王服兵役，向国王缴纳税收。国王的直属封臣为了实际履行其负担的封建义务进而会以“封主”的身份将受封土地进行再次分封。这样的分封可以由封主的封臣继续下去，直至处于结构最底层的土地租佃者——佃农，他们通常对土地具有人身依附关系。与中国古代社会中的“普天之下，莫非王土”不同，西方封建社会的国王实际上丧失了干预土地关系的权能。在这种情况下，西方封建社会的国王要想征税征兵，就要与贵族进行协商。1215 年《大宪章》订立之后，英国逐渐形成一种“经过同意方征税”的原则。而在中国古代社会，由于在秦朝时就基本结束了分封制，士绅们显然没有西方贵族那种相对于君主的独立的要价和制衡能力，不存在“无代表，不纳税”的基础，因为他们本身就不需要纳太多的税，没有义务的同时，权利意识也淡薄。士绅本应成为社会中的精英阶层，但是养尊处优的生活消磨了他们的斗志：居承平之世，不知有丧乱之祸；处庙堂之下，不知有战阵之急；保俸禄之资，不知有耕稼之苦；肆吏民之上，不知有劳役之勤（《颜氏家训》）。所以往往一代不如一代。

另一方面，让负担能力高者承担更低的税负，而让负担能力低者承担更高的税负，这本身就减少了税基，使底层农民承受了沉重的税收负担，抑制了生产力的发展。在中国古代，主要有田赋和徭役两种税负。田赋不论是按总收获量课征还是按田亩数课征，都算是比例税，没有根据纳税人的能力进行课征的，虽然不是名义上的累退税，但是具有累退的效果。徭役作为人头税，都是定额税，税负也与纳税人的生产量或所得没有任何比例关系。在这种不公平的累退征税制度下，纳税人的抵触情绪可想而知，征税的交易成本很高，人民会想方设法逃税。为了躲避征税，许多平民聚集在不需要交税的豪强大户的门下，虽然需要向地主交租，但是要比向国家交税少得多。这样一来，国家的纳税人口越来越少，豪强势力膨胀，成为政治动荡的根源。国家与人民间围绕征税的矛盾经常演变成激烈的冲突，甚至是农民起义、改朝换代。当国家面临危机之时，财政上往往捉襟见肘，明之亡、清之亡都与此有关。反观英国，国王征税经常受到掣肘，但是英王却有着很强的征税能力。尤其是在英国光荣革命之后，17、18 世纪英国的税率很高，但老百姓纳税意愿却很强，这为英国称霸世界提供了物质条件。

英国学者埃德蒙·伯克（Edmund Burke，1729−1797 年）在《法国革命沉思录》中曾经说：“国家的税收就是国家。”税收是国家的基本制度之一，合理的税制设计至关重要。

为何三井财阀富可敌国，而胡雪岩倾家荡产？

三井是日本的四大垄断财阀之一。在第二次世界大战结束之前，该财阀一直居日本四大财阀之首，是日本经济工业化进程中的重要推动力量。三井依靠政府起家，与政府之间互相扶持、相得益彰。其影响力延续到今天，樱花银行、东芝、丰田等均属三井的产业。相比之下，中国的胡雪岩也是靠政府起家，而且还被授予一品顶戴，被称为“红顶商人”，一度在官商两界如鱼得水，但是终究没能逃脱倾家荡产的厄运。

依靠政府发家

三井财阀的成功得益于依附权力。在幕府时期，三井家族是德川幕府的御用商人，在吴服和钱庄经营方面享有特权。三井的吴服店于 1687 年获得幕府御用吴服商的地位。当时各藩上缴幕府的贡奉需要运到江户（今东京都中心千代田区），交通不便，而且路上盗匪出没，很不安全。三井设立的兑钱店解决了这个问题，三井负责收缴大阪地区的贡奉，然后以汇票的形式发到江户钱庄，再由江户钱庄把汇票兑成金银交给幕府。三井被幕府指定为御用钱庄，在兑钱的过程中，幕府允许三井在一段时间内用“公款”放贷。于是三井借此机会不断扩张家业。

幕府大政奉还之后，三井又成为明治新政府的御用钱庄，钱庄 80%

的存款来自政府。新政府初期，为筹措资金，还由三井为政府发行国债，并可以从中提成20%。三井借着这个机会申请成立西方式的银行（bank），成为日本第一家银行的股东和经营者。在“金行”与“银行”之间，三井家族选择了“银行”这个名词，“银行”的说法从此诞生。

胡雪岩的发家历程大体相似。首先，胡雪岩结识了浙江官员王有龄，获得了政府采购和管理政府度支的差事。他通过政府采购赚取差价，并且通过垫资收取利息。他还利用管理的政府度支从事信贷业务和实业。其次，胡雪岩把自己的业务扩展到了京城，吸收官员存款。由于胡雪岩的信誉极佳，许多官员都把“灰色收入”存到他这里。王有龄殉国后，胡雪岩又结交了左宗棠。在帮助左宗棠筹借洋款的过程中，胡雪岩获得了大量回扣。

政商关系

靠权力得来的利益，如何能不被新的权力所没收呢？

三井得以长久生存与日本当时的多政治核心状况有关，而且三井站队正确。

三井依靠幕府成长起来，成为幕府的官商。但是在幕府末年，随着危机四起，幕府也开始吃大户，三井责无旁贷，对此积怨日深。后来，三井挪用幕府的公款10万两进行放贷，结果招致百万两罚款。而三井的账面只有15万两，百万两罚款等于是要让三井破产，最后，在周旋之下，罚款减为18万两，且可以分期付款。此事虽然摆平，但是三井却有了心结，开始暗地里与维新派接洽。

政治权力助推了三井的发展，三井也对政治权力予以资助，起初是支撑幕府，后来脚踩两条船开始与维新派眉来眼去。可以说维新派如果没有三井的资助，很难上台。

1867年10月14日，德川幕府把权力奉还给天皇。以朝廷为中心的新政府成立后决定用武力给幕府残余势力施压。为了筹措军费，新政府发行了代金券，相当于国债。三井第一个站出来支持新政府，而多数富商则对新政府的吁请装聋作哑。三井的选择立刻收到了回报，新政府宣布三井为御用商。

三井资助维新派上台是一回事，维新派上台后是回报三井还是过河拆桥是另一回事。庆幸的是，明治新政府的性质决定了其需要财阀资本的合作，于是出现了政府与企业之间相互扶植、相得益彰的局面。在日本近代崛起的过程中，财阀资本成为一股不可忽视的力量。当时新兴的三菱也是支持倒幕的财阀，后来实力直追三井。

三井始终得到日本最高权力的支持，这一点很重要。但是最高执政者也会有人事变动，企业的长久生存还需要制度保证。当时与三井家走得最近的维新派当权人物当属一度担任大藏大辅（相当于财政部副部长）的井上馨。此人是“长州五杰”之一，倒幕前曾到英国留学，是日本较早接触西方的政治家。井上馨积极倡导日本“脱亚入欧”，主张日本的资本主义要跑步前进必须走政商结合的道路，因此对大商人格外倚重。大久保利通掌握实权后，提出了“殖兴产业”政策，就是运用国家权力加速资本原始积累，以国家的力量扶持资本主义的快速发展，最终实现日本与西方列强比肩。明治维新以后的日本政府本质上是一个资本主义政府，但属于国家资本主义，倾向于通过政府力量扶植大企业，帮助日本迅速实现工业化。官方对企业的基本态度是，既不眷顾也不为难，以政府利益为重。在明治政府的扶植下，三井的产业迅速扩张，形成了一个覆盖金融、商业和近代工业的经济帝国。到“二战”结束时，三井财阀几乎控制了日本十分之一的财富，富可敌国。反过来，三井也在日本近代的扩张中发挥了重要作用，三井积极发展军工，支持日本的军国主义。三井的海外业务为日本政府收集情报，为其侵略探路。军国主义对于世界而言是场灾难，应该批判，但这里体现出的和谐政商关系值得注意。

当然日本也有被政府逼到绝境的企业。当时日本从事放贷业务的企业都有泡沫，这不利于经济的健康发展，于是政府让他们交够储备金，通过这个办法淘汰了一批不合格的商业资本，留下了值得政府扶持的大商业资本。这主要是从国家利益出发，而非私人恩怨。

反观胡雪岩，白手起家，从草根成长起来，始终未能得到最高权力的支持，主要是与地方官员交往。当时的中国处于君主专制王朝的末期，地方官员自身的安全都没有绝对保证，更别说保护自己的商人朋友了。左宗棠同情慈安太后，得罪了慈禧太后，但是以左宗棠的地位，慈禧不会轻易动他，却可以拿他的身边人开刀。当然更根本的在于，对当时中国的官僚体系而言，商人只是附庸。大商人几乎都要捐官，才能具有一定的社会地位。地方官员与商人结交往往有私利在里面，有人是为了让商人帮助自己谋求更大的政绩，比如左宗棠与胡雪岩的关系，但也有人是为了中饱私囊，这种私利为国家的正式法律所不容。加之官员之间难免相互倾轧，把别人的官商关系作为攻击政敌的借口。比如左宗棠的政敌李鸿章一系，就把攻击胡雪岩作为攻击左宗棠的缺口。在这种倾轧之中，道义是非被放在两边。商人生活在夹缝之中，常常是“神仙打架”，商人遭殃。

此外，中国虽然有着悠久的大一统历史，但企业发展却常受到地方保护主义的制约；而日本虽然有着长期的藩国传统，但在明治新政府之后，企业发展却很少受到地方政府的挤压。

清朝末年，随着对外通商、洋务运动，江南地区的经济迅速发展，许多钱庄都存在泡沫。对此政府缺乏管理经验，没有有效的举措控制风险，加上洋商的挤压，政府非但不保护民族企业，还充满了内斗，胡雪岩等巨商都倒在了当时的“经济危机”中。

实业维艰

从发家的产业来看，三井与胡雪岩具有类似之处，三井是靠吴服和钱庄发家，胡雪岩是靠钱庄和生丝发家。从“第一桶金”来看，三井与胡雪岩都具有前现代的特征，都没有涉足现代工业。不过后来，三井的钱庄发展成了现代银行，并且在重工业领域占有重要地位。近代以来，重工业的发展愈发重要。然而重工业需要较大的投入、见效周期长，对于后发国家而言，政府的帮扶尤为重要。三井、三菱等财阀在日本政府的帮扶下不断壮大。而胡雪岩基本上没有涉足重工业，在中国积极投身重工业的唐廷枢等则下场凄凉。

平定太平天国之后，清政府先后在上海、福建设船厂，开始制造轮船。轮船业的见效周期较长，但是清廷却缺乏耐心，更有人从中作梗。一是朝中的清流，他们不了解现实，专门针砭时弊，有的是出于公心，有的难免有私人意气在里面。同治十年 (1871 年) 十二月，不受重用的内阁学士宋晋上折要求停止造船，认为：造船费用太高，应该把该项经费转到户部，以备急需。对此，李鸿章上奏《议复制造轮船未可裁撤折》。经过争论，清廷最终还是采纳了李鸿章等洋务派的意见。最后李鸿章实行了折中策略——轮船招商，购买国外轮船，从事民用运输，同时发展军事舰队，用现在的话讲就是“军民融合”。

二是传统产业担心被替代而百般阻挠。现代轮船业直接威胁漕帮，而漕帮也是官商，势力极大。比如朝廷让总理衙门会同南、北洋大臣共同商讨筹办轮船招商一事，曾国藩死后，何璟主持南洋事务，其支持漕帮，因而对主持北洋事务的李鸿章不予配合。

三是民众的传统观念难以接受新事物。比如百姓认为，采矿破坏了风水，视洋人工程师为异物。自太平天国之后，维稳是政府的要务，政府自然要考虑民意，避免激起民变。

起初中国的轮船业采用了官本官办的模式，但是由于用人不当，进展不顺。而且由于产权不清，主管者借机以权谋私，用远超市场价的价格购进已落伍的轮船。后来不得不改采官督商办模式。唐廷枢任轮船招商局总办，雷厉风行，积极募股，实现了以商本为主的混合所有制。但由于政企不分，还是处处受政府掣肘。为政府利益，经常接手一些赔本的买卖不说，还要照顾各种关系，为政府或官员个人解决一些难以处理的开支，安排一些不必要的职位。如果靠关系进来的人有能力还好说，就怕一些胡作非为的人来坏事。中国近代的企业始终没有解决官商不分、私人财产与公司财产不分的问题，想不出经济问题都难。在这种公司治理不完善的情况下，如果再开放股票市场，无异于放大风险。

唐廷枢一直想摆脱官股的控制，但是在运作不畅之时又不得不求助于官家。对于轮船招商局，李鸿章始终念念不忘官本官办。最终借由整顿之机，李鸿章的心腹盛宣怀为了揽权，赶走了唐廷枢，改变了轮船招商局的经营方针，甚至高管都要穿官服来开会，最终轮船招商局的业务大大缩水。三井也有负责人因为经济问题而引咎辞职，但这并不影响三井的经营方针，三井的继任者依旧由企业自己决定。

日本在明治维新前就出现了一些近代工业的探索，当时主要是各藩自己的摸索。这或许也是一种优势，日本当时有 200 多个藩，也就是说有 200 多个出资主体。而清政府往往依靠中央权力推行洋务，只有一个出资主体，但当时的清政府实际上已经财政破产，大量税收被地方政府控制，让地方政府出资就要协调和平衡各方关系。在日本明治初期，政府出面举办了一大批近代工业，涉及铁路、矿山、造船、水泥等各个领域。同时政府也鼓励民间资本投资近代工业，还给民间资本提供优惠贷款。一段时间之后，官营与民营在效率上的差距显现出来。官营企业往往摊子铺得很大，却收效甚微。民营企业却能更好地集中资金、人才和技术。明治政府在认清形势之后，于 1880 年开始陆续处理官办产业，由官营转为民营，走直接扶植私人资本的路线。三井、三菱等财阀在这个“贱卖国有资产”的过程中迅速壮大。表面上看，当时政府是吃亏了，但长远看，这些大财阀对政府的回报巨大，而那些产业如果继续官营将难以逃脱破产的厄运。

在具体业务上，日本政府对待实业的态度依旧是不眷顾、不为难。特别地眷顾难免有偏私，故意刁难则会限制企业发展。当企业的行为可能危害整个行业甚至国家利益之时，政府才会出手。比如三井与三菱在海运方面的竞争，使得日本的海运实力壮大，货船先进、船只数量庞大、吨位数惊人……对此，虽然双方都朝中有人，但是政府并不介入二者间正常的商业竞争。随着竞争逐渐恶化，双方势同水火，这时政府才出面调停，让双方成立了合资的物流公司“日本邮船”，日本的海运业继续壮大，而不是在内耗中衰落。反观清政府，对于同业之间的恶性竞争不闻不问，个别官员不落井下石就不错了。

然而，由于明治政府过多地插手经济，出现了产能过剩现象，工业品价格暴跌，同时米价上涨，一些企业停产，经济危机接踵而来。面对这种局面，政府主导拿出了以收缩战线为主旨的改革方案，使日本经济得以软着陆，保住了刚刚兴起的现代产业。

超越家族企业

三井虽然最初也是一个家族企业，但三井并非一家，而是包括血缘相近的 11 家，一开始就具有了企业集团的特征，需要加强内部管理。在摆平幕府罚款一事中，三井依靠的是三野村利左卫门，这是三井的一个额外收获。出身微寒的三野村利左卫门的出现从本质上改变了三井的家族企业结构，开始有外人进入企业的高管层，一步步把三井推向巅峰。三野村受到了三井家的优待，这昭示了三井的开放态度——不论出身，只要有才华，都能在三井找到一席之地。后来正是由许多外姓的职业经理人，书写了三井的辉煌篇章。在中上川负责三井银行期间，他毅然斩断了倚仗政府高官的畸形关系，遵循市场规则办事，改革薪酬人事制度，使三井进一步洗脱了身上的封建残余。1891 年，设立了“三井家临时评议会”，类似于董事会，除三井家族的 8 个成员外，还有 7 个外姓人，对重大资产事宜进行决策。1907 年，益田孝等人考察欧美后，效仿西方成立有限责任的股份公司，“株式会社”由此而来，意为“股份公司”，三井的“家业”与“企业”进一步分离。

反观胡雪岩，基本上是一言堂，其与各“分公司”主管之间的关系主要靠人情维系。由于缺少有效的内部治理和内控机制，他的上海钱庄的档手老宓挪用公款，这成为胡雪岩资金链断裂的导火索。

家族企业的发展如果最终不能超越其自身，将很难长久。

胡雪岩等人的经历令人唏嘘不已。中日两国商人在近代史上的不同遭遇昭示了不同的国家实力和国运走势。对照日本财阀的发展经历，其背后所体现的政商关系、企业发展模式、公司治理等问题值得深思。

从《白鹿原》看农业中国的转型之困

史诗巨著《白鹿原》以关中农村为视角，描述了中国近代转型的曲折过程。

《白鹿原》以辛亥革命为起点。在古代中国，县是最低一级的行政单元，县以下实行自治。辛亥革命后，一个突出的变化是，又向下延伸了1–2级行政单元。这一点在《白鹿原》中体现为总乡约田福贤和保障所乡约鹿子霖的任职。当时的民国政府在县下设仓，相当于今天的乡镇，仓的官员称总乡约。仓下设保障所，大体相当于大队，保障所的官员称乡约。根据《白鹿原》中的介绍，一个乡约管10个族长。族长的管辖范围大体以自然村为基础，而乡约的管辖范围打破了自然村的界限，等于建立起了一个行政村的单位。这种转变影响深远，也不可避免地与原有的治理结构发生冲突。

现代国家建构与基层自治

在古代中国，县以下实行乡绅自治，这种传统也延续到了民国初年。在《白鹿原》中，基层自治主要体现为宗族自治。一方面，宗族立有族规，由族长代表行使族权，处罚犯禁逾矩的族人是农村维持社区秩序的惯例和习俗。这种习惯法得到了官方的认可。另一方面，宗族也会针对公共问题，组织族人群策群力，共同解决。比如，族长白嘉轩组织族人共同应对白狼、大旱、瘟疫等，以及组建学校，为孩子们提供教育。

然而，传统社会的基层自治具有自发性和随意性，乡绅个人因素很重要。如果乡绅乐善好施，那么可能当地就比较和谐；如果乡绅为富不仁，那么地方的公共事务可能就比较落后。传统社会的基层自治主要是依赖权威的自治，而不是民众的自治。允许宗族施行私刑还可能导致族长滥用权力，为现代政府所不容。同时，公共防务等事项在现代国家也均交由政府管理。

行政单元的向下延伸，呼应着现代国家建构的任务。中国历史上长期是一个中央集权国家，虽然并无正式意义上的地方自治（省自治），但中央政令的畅达始终是一个大问题。上有政策、下有对策，“山高皇帝远”的现象很普遍，这实际上反映的是行政系统的绩效问题，是传统行政的痼疾。在古代中国，解决这个问题主要依靠的是儒家意识形态的作用。现代行政要求政策的执行力，也就是能把国家的政策很好地贯彻到地方，依靠的是一套制度化机制。现代国家建构就是要反宗法、抑族权、消解小共同体，使国家权力直接延伸到个人。而对于普通农民而言，尚无法理解这种转变的意义，这种转变必然与旧有的基层自治发生冲突。

公共支出的增加与税负矛盾

在传统的官僚制框架下，遵循政府精简的原则，政府不承担大量公共事务，只是作为一个维持基本秩序的机构。中国传统治理所依赖的群体主要包括以下三个部分[1]：

一是正式领薪的官员，这部分人数很少。据统计，19 世纪末期，清朝中央政府官员 2622 人，地方官 13007 人，武官 7464 人，共计约 2.3

---

[1] 参见王奇生：《革命与反革命：社会文化视野下的民国政治》，社会科学文献出版社 2010 年版，第 408–409 页。

万人，而当时全国人口数突破4亿，平均每名正式官员需治理1.7万余人。

二是非正式的吏役群体，也就是正式官员的僚属，数量庞大。在清代，仅县级衙门，就有“千县30万吏”之说。

三是县以下的乡绅自治。乡绅主要是具有生员以上功名的人和退休官员。

在古代中国，县级政府的设置很简单。在清代，知县属下的官员包括：（1）知县助理官，包括县丞和主簿；（2）书吏首领官，即典狱官；（3）杂职官，包括负责巡检、邮政、税收、粮仓、水利等的官员。这些总称为知县的僚属官员，或胥吏。此外知县还有衙役和一些私人雇用的随从。

民国政府不仅增加了政府层级，把乡绅自治的范畴纳入政府管理，而且增加了政府的公共职能，政府的内设机构也随之增加，县级政府开始依照现代政府职能进行专业化设置，吏役群体成为正式的公职人员。

1913年1月8日，北洋政府公布了《划一现行各县地方行政官厅组织令》，县行政长官的僚属向现代化建制过渡。该法令规定，县知事公署内设2–4科，称第1科、第2科、第3科、第4科，每科科员2人至4人，技士不得超过3人。

此时还出现了一些署外行政机关。民国初年，除公款局之外，其他署外机关都称为所或公所，如劝学所、劝业所、警察所等。1923年以后，渐改所为局，如劝学所改为教育局，劝业所改为实业局。其中，警察替代了传统的衙役。

1928年9月，国民政府首次公布了《县组织法》，1929年6月，国民政府重订《县组织法》。该两法奠定了国民政府县制的基本内容。根据《县组织法》，县设有若干局或科。局为县政府的外部行政组织。县设公安、财政、建设、教育4局，必要时可设卫生局与土地局。科是县政府内部行政组织。县设1–2科，设1个科时称总务科或秘书科，设2

个科时称第 1 科、第 2 科。各科置科长 1 人，科员 2–4 人。

政府规模的扩大需要相应的公共财政的支撑，而公共财政来源于税收，这就必然加重民众的税负。其实在古代，吏役群体的收入虽然不是明确由国家财政供养，但也多是经由潜规则把负担加到民众身上，只是比较隐蔽，民众的税痛感不强，大多把矛头针对部分官吏，而非朝廷本身。现代国家出于公共性的考虑，把吏役群体纳为公职人员，明确由国家财政供养，这使得名义的税收增加。中国古代的新王朝一般会减轻赋税，但民国政府一成立就加重赋税，导致了白鹿原农民的群体抗议事件。而且民国政府自认为推翻了帝制、是人民的政府，对于加重赋税认为理所当然。

新的政府规模与现代化进程相呼应。然而当时的中国依然是以农业为主，在农业生产力有限的情况下，赋税的增加必然导致农民的破产或反抗。新政府与民众的财税冲突构成了《白鹿原》的一个主要内容。

在古代中国，知县一般是上面派来的，由于实行任官回避制，知县一般不是当地人。而胥吏则往往出生于当地，代表地方因素，有利于治理，这个群体也较为稳定，常常世代沿袭。在民国对于县制的改造中，胥吏开始向现代公务员演变，其地方性和任职的稳定性都有所减弱，对于本地的情感也有所减弱，这进一步加剧了官民矛盾。

土豪劣绅进入行政系统

在古代中国，建立了科举取士制度。即使是作为基层政权的县，其行政长官也多具有较高的功名。据统计，1850 年，在知县中，有正规功名者尚占到 69.5%（进士占 34.7%），纳捐进入仕途者占到 19.4%，其他途径者占到 7%，不详占到 4.1%。[1]

---

[1] 瞿同祖：《清代地方政府》，法律出版社 2003 年版，第 37 页。

随着科举制的废除，传统绅士群体开始瓦解，任官的途径更加复杂，土豪劣绅开始大规模进入县以下的官僚系统。在科举下，纳捐依然有一定章法可循，并且要在表面上服从儒家意识形态。而科举废除后，这些约束不见了。据统计，20 世纪 30 年代初江西寻乌县 20 位权势人物，其中只有 1 人被认为"很规矩"，2 人不与外事，被明确指称为"劣绅"、"土霸"和"反对首领"的却有 8 人之多；而民国时期鄂西 7 县 12 位权势人物中，本人均无功名，中学、小学及教会学校毕业者各 1 人，私塾 4 人，略识文字者 2 人，文盲 2 人，不详 1 人，基本上为靠武力或财力发迹者。[1]

造成这种情况的原因主要有二：一是随着行政层级以及地方行政机关的扩张，自然会出现人员的短缺。而且地方行政的现实需要与新式教育所传授的现代知识之间存在隔阂，反倒是有钱有权者更容易获得地方权力。二是科举取士不是简单的考录官员，背后有一套儒家意识形态支撑，具有道德教化的功能。在科举废除后，新的官员任命方式在道德教化方面减弱，在实践中并未能贯彻以考录为主的情况下，自然会导致官僚队伍的庞杂。

在《白鹿原》中，乡约鹿子霖品性恶劣，总乡约田福贤有贪污嫌疑，这种状况就是对上述问题的反映。

此外，随着帝国的解体，中央逐渐式微，军阀兴起、土匪横行。白鹿原不可避免地受到了军阀和土匪的骚扰。

关中地区的商品经济不发达，所以关中农村与资本主义的矛盾并不明显，主要矛盾体现在农村的传统治理与现代国家建构之间。

[1] 王奇生：《革命与反革命：社会文化视野下的民国政治》，社会科学文献出版社 2010 年版，第 331–335 页。

无定之规

为何古代专制体制的效率更低？

有人常常认为，专制的效率高，因为在专制体制中，一人乾纲独断，可以雷厉风行地推行政策。实际上，专制的效率很低，而且犯错误的概率很高。在专制体制下，中国古代社会陷入了兴亡更迭的循环之中。

机构设置的混乱与多变

专制体制由于缺乏民主监督和权力制衡机制，往往依靠同类权力的重复设置来进行制衡，机构职能交叉、错位是常态。同时由于确定的规则，因人废事、因人兴事，管理机构往往混乱多变。

宋朝的建立源于赵匡胤的“黄袍加身”，所以在建朝后，统治者尤其注意防范类似的兵变的发生，设置了复杂的管理机构，以互相牵制，防止权力滥用。但是在牵制的同时，也浪费了效率。

宋朝起初依唐制，设置了三省六部。但实际上，宋朝的机构多是名实不符。在元丰改制前，三省的机构一直存在，但没有任何权限。三省长官虽然官位仍存，但实际是空衔虚置。门下省的副长官是门下侍郎，但管理门下省衙门的却不是门下侍郎，而是另派一个门下省的属员给事中来负责。中书省也是如此，中书侍郎不管事，管事的是一名中书舍人，担任“判中书省事”。尚书省也不例外，省内的副长官左右仆射都不管事，另派一个“权判尚书都省事”。由于三省没有实际的权限，这些官员也就是看看衙门。除此之外，还叠床架屋，设置了门下后省、中书后省以及尚书都省，这些机构的主要功能是安置人员，而没什么实际事情可做，充分体现了“省事”的精神。宋朝初年的六部二十四司机构也全系虚置。

元丰改制以后，三省合一，负责长官变成宰相，中书、门下两省变成事实上的宰相附属机构。元丰改制表面上似乎解决了宋朝初年官制的弊病，但实质问题并没有根本解决。由于君主对官员的不信任始终存在，机构重叠的问题依然还在，比如枢密院与宰相并存、三省的外省依然存在等。

当然，中国人民吃苦耐劳，只要体制不是过分压制，都能源源不断地创造财富。宋朝这种烦冗的机构对民间的管制有限，反而一定程度上有利于经济发展，宋朝的商品经济在中国历史上非常发达。但是这种体制的痼疾是无法形成真正强大的中央政府，有宋一代在军事上都处于弱势。

机构自身的异化

在古代专制社会，政府在经济管理方面权力过分集中，在开始的时候固然能最大限度地增加中央政府的财政能力，但时间长了之后，实权机构势必成为许多人趋之若鹜的地方，逐渐变得过分臃肿且效率低下。宋代负责财政税收的三司——盐铁、度支、户部——就是这样的机构。

宋代是中国历史上商品经济较为发达的朝代，各种商税以及相关税的征收额度都达到空前绝后的地步，大大超过来自农业的收入。三司对此功不可没。鉴于三司的这种重要作用，它的职权范围涉及了原来兵部、户部、工部以及吏部、礼部的事务，甚至连监察部门的职权也有所触及。它还包办了地方州县的所有财政事务，控制着地方政府的命脉。所有的州县政府实际上都变成了它的执行机关。事务之庞杂，机构之庞大，前所未有。

在专制体制下，任职太久，腐败难免。皇帝为了看守江山，尚有一定的责任感和使命感，而臣属由于只向上负责，难以避免借机谋求私利的冲动。随着时间的推移，三司逐渐异化，积压十多年的账簿无人处理、官吏贪污腐败成为常态。皇权制下形成的既得利益阶层反而成为制度中的无组织力量，他们通过维护既有制度来维护既得利益，却对制度本身构成巨大的伤害，甚至有时皇权本身也被腐化。

非正式机构的影响

君主专制往往是家族世袭，实行一家一姓的统治。这种统治最致命的危机就是子嗣稀少。这一点在中国各个王朝的末期体现得尤为明显。当皇帝无子或幼子登基之时，该王朝的气数也就要尽了。这时往往有一些正式机构之外的人来掌握实权，比如后宫、外戚、宦官、权臣等。这些正式机构之外的人未必都昏聩无能，其中不乏治国的干才，但是由他们当权，势必会削弱皇权的尊严，使政局变得动荡，人们对于政策缺乏长久稳定的预期。

君主统治的随意性也可能导致非正式机构借机篡权。比如在明朝后期，尤其是宣德皇帝之后，皇帝往往不愿临朝，甚至连内阁成员都难以“一睹天颜”，于是太监趁机获得了一项特权——传达皇帝旨意。太监有时会对皇帝旨意随意修改。这是明朝太监专权的原因之一。也正是由于皇帝经常不临朝，猜忌心越来越重，于是开始依赖特务机关锦衣卫和东厂（有时还设西厂），对朝臣进行监控。

清朝可以说在避免非正式机构的影响方面做得比较好。整个清朝都没有出现过太监、外戚干政的事情，只是在皇帝年幼之时，有过辅政大臣和后宫掌握实权的情况，但相比其他朝代要轻得多。这是由于清朝某种程度上属于“族天下”。在清军入关之前，便定下了八旗主共议国政的制度，强调一族的整体统治。最高统治者采取贵族推举制。族天下要优于家天下，这是清朝很少出现威胁君主地位的权臣的原因。入关后，清朝也采纳了汉制，但是异族统治的危机感始终存在，这促使其强化了族治机制。清朝的立嗣采取择优的方式，而不是固守立长立嫡的原则，皇帝的整体素质较高。值得注意的是，清朝的“族天下”本质上依然是君主专制。清朝的贵族对皇帝要自称“奴才”，他们并没有稳定的爵位和封地，也没有与权利相对应的强制性兵役义务，所以八旗子弟越来越堕落，后来许多人连自食其力都困难。清朝末年依然面临着子嗣危机。最后，清朝也和中国历史上的其他朝代一样，逐渐走向没落。

统治者视野的局限性

俗话说，“三个臭皮匠，顶个诸葛亮”，“三人行，必有我师焉”。这些谚语都揭示了众人之智的重要性。然而专制体制很难集思广益。首先，专制体制并没有提供民意表达的顺畅机制。其次，即使存在这样的机制，人们也没有动力去表达见解，反而有充分的激励去迎合上级。比如在清朝，皇权膨胀，位高如军机大臣者也很少会表达自己的见解，而是等皇帝拿主意。有时即使看出了问题，皇帝不说，臣子也绝不好先说。军机大臣中历经乾、嘉、道三朝的曹振镛，深得历代君主欢心的秘诀就是“多磕头少说话”。在这种情况下，皇帝个人的视野难免有局限，决策失误在所难免。

官员的短期行为

在君主专制下，君主拥有决定官员命运的独断权力，整个体制是由上而下地对官员进行评判，是一种“官本位”体制。每位官员的主要任务就是讨好上级。虽说“路遥知马力，日久见人心”，但由于人类理性的有限性，个人印象往往是短期性的，很难超越当下处境而看得长远。在这种情况下，官员要想获得上司的认可，就要做一些短期可以见效的事情，以期获得尽快提升。

与之相应，专制体制往往采用任官的原籍回避制度。由于缺乏民主监督，上级的精力又有限，为防止官员在本地任职而搞裙带关系，只能要求本地人不能做本地官。这样一来，更加重了官员的短期行为，官员对所任职的地方没有深厚而长久的感情。

有人认为，民主体制下的官员由于有任期限制，常常会采取短期行为。其实不然。首先，民主制下的任期是固定的，想过渡两年就高升是不可能的。而且在民主体制下，民众拥有判断官员行为优劣的权利。众人智慧优于一人智慧。官员的短期行为可能会欺骗自己的上司，却无法蒙蔽广大民众。官员及其所属的团体要想获得连任就必须关注民众的长期利益。

专制体制下官员的短期行为往往以牺牲民众的长期利益为代价，造成朝令夕改、人走政息的局面，大大地浪费了社会成本。

当然，专制的弊端不限于本文所说的这些方面。封建专制是特定历史条件下的产物，我们不必过于苛责古人，但是应该看到正是由于专制固有的弊病，虽然中国封建王朝可能盛极一时，但都逃不脱灭亡的命运。

为何中国的“土地”上没有生长出工业革命？

“土地是世界上唯一值得你为它奉献，值得为它奋斗、牺牲的事物，因为它是唯一永存的东西。”这是著名文学作品《飘》中令人印象深刻的一句话。的确，土地对于农业社会和工业社会都非常重要，不同的土地制度也塑造了不同国家的不同发展方向。古代中国虽然一度在世界上处于领先地位，但是中国却未能率先进行工业革命、进入现代化。对于工业革命发生学的研究可谓汗牛充栋，土地制度是一个重要的思考维度。

作为现代化先声的“圈地运动”

现代工业需要土地，这就是历史上“圈地运动”发生的主要原因。

英国的“圈地运动”大体经历了两个阶段。第一阶段在 15 世纪后期至 16 世纪，随着纺织业的繁荣，羊毛需求量陡增，农户们自己开始协商重新划分土地，将小条田转化为更为集聚的大土地。

第二阶段在 18 世纪，这一阶段的圈地运动得到了国会在制度上的支持，由国会对土地进行确权。因为有议会的立法、协商等一整套程序，第二次圈地运动没有那么剑拔弩张，但是却盛况空前，到 19 世纪圈地运动进入尾声的时候，英国基本已经不存在无主荒地。

圈地运动前后，英国的农民经历了一个分化的过程。一方面，富裕的佃农（Yeoman）逐渐成为地方士绅，参与圈地运动，并借此逐渐跻身为小资产者乃至上流社会。另一方面，较为贫穷的公簿持有农、租地持有农和农业雇农，有些勉强得到土地进行耕种，有些在圈地运动后继续进行农牧场作业，有些成为当地的手工业者，有些移民去了美国和加拿大等地，有些冲着相对较高的薪水，进入城市，成为城市的手工业者或工人。

圈地运动破除了封建土地所有制，将一些土地产权不明确、不匹配的土地，通过地方协商、议会法案以及一些非法暴力手段，重新进行土地确权、功能改良和产业升级，从而为工业发展提供了充足的土地。圈地运动虽然导致了一些“羊吃人”的惨剧，但是从大历史的角度来看，则是解放了农业劳动力，促进了工业化进程，最终提高了所有人的福利。圈地运动的另一个重要后果是形成了可以对抗当时的政治权力的资产阶级阶层，从而开启了西方现代政治。由于有相关法律作保障，圈地运动也并非像一些文学作品描述的那样凄惨。

我国在改革开放后，由于工业建设用地需求激增，也出现了土地财政、征地拆迁、农民上楼等现象。

我们的问题是，为何英国在几百年前就出现了圈地运动，先发进行了工业革命、进入了现代化？而我国的现代化历程主要体现为对西方现代化的被动回应，在今天依然有着一些人为城市化，而非自发城市化的痕迹。我们不妨回看中国历史上的土地制度。

勤劳而不富有的中国农民

从英国圈地运动的历程可以看出，土地的集聚是一个趋势，这有利于规模化生产。但是在中国历史上，却出现了土地不断碎片化的趋势。

根据我国台湾学者赵冈和陈钟毅的研究，古代中国的人均耕地面积远远小于英国。英国的庄园制度时期，农奴从领主手中得到的份地，普通是30英亩大小，多者能达到80英亩。在中国，以汉平帝元始二年的人口与耕地总数来说，每人平均只有1.6英亩，平均五口之家的农户只有8英亩耕地。中国自从有文字记载的历史以来，每户的平均耕地始终在30英亩以下，而且总的趋势是平均耕地愈来愈小，中国土地分配的基尼系数从北宋开始日趋下降。

“分家”制度的存在进一步加剧了土地的碎片化。秦国的商鞅变法开始鼓励“分家”，先后规定“民有二男以上不分异者倍其赋”“父子兄弟同室内息者为禁”（《史记·商君列传》），通过分家制度形成了中国特色的小农经济。在大多数中国农村地区，土地与劳动力比例非常低，规模经济无法盛行。由于管理水平低下，即使在分家之前或者拥有大块土地的情况下，古代中国的农民也不倾向于规模化经营。相比之下，中世纪英国的长子继承制一方面保证了土地的规模，另一方面促进了阶层流动，使得富裕家庭的次子、幼子向城市工商业转移，成为优质商人，提高了商业质量。

民国之时，“满铁”（南满洲铁道株式会社）曾在华北进行调查，结果发现，453个村落中最大地主占田千亩以上者只有2处，2/3的村落其最大地主拥有田产不满200亩。

综合来看，从秦汉到南北朝，每户所得耕地与播种面积大体上是农民劳动力所能负担的合理面积。土地尚未形成制约性的生产要素。从隋唐开始，人口增长超过了耕地面积增加的速度，发生土地相对不足的现象。唐以后，人均耕地开始下降，形成了绝对性的耕地不足。

随着中国历史上人口的增加，每亩耕地上的人力增加，于是劳动力的边际报酬下降，土地的边际报酬上升，地主自己经营的收益率不如出租土地。赵冈和陈钟毅发现，从明朝起，整个农业开始走向以租佃制为主，地主自己经营的情况越来越少。明清时期，自耕的农田占农田总面积的比率不足一半。

在转变为租佃制后，佃农主要以家庭为单位进行生产，而家庭成员的劳动没有工资成本，不会计较个别成员的贡献。在劳动力过剩的情况下，生产单位愈发与家庭单位相重合，从而经济状况与中国的家庭文化相呼应。中国的农村以家庭为单位进行耕种，既不同于欧洲中世纪的庄园经济，也不同于西方近现代的资本主义农场。

行文至此，我们不禁会产生疑问：在同样的耕地上，中国的劳动力远远多于英国。这意味着，中国应该比英国有着更多的农业劳动力富余，更有动力向城市转移劳动力，但事实并非如此。中国过多的人口形成了劳动密集型农业，中国的农民勤劳而不富有。这是为什么呢？关键在于古代中国在制度上没有为农业剩余劳动力的转移提供出路，只能维持低效率的生产模式。

重农抑商阻碍中国农业劳动力转移

“重农抑商”的制度导向是阻碍中国农业劳动力向城市转移的主要因素。

重农抑商是中国古代的主流意识，商人在中国古代是四民之末。早在秦王朝建立之初，秦始皇便“徙天下富豪于咸阳十二万户”，实则进行监控，后来又将商人发配去修长城、戍五岭；汉代规定商贾不得穿丝、乘马、为官；唐代禁止商人与工匠骑马，还得率先服兵役，且其子弟不得应试与出仕；明代有关于“商贾止用绢、布。农家有一人为商贾者，亦不得衣绸、纱”等规定。

中国未能自发出现现代化的原因主要在于重农抑商的制度，而重农抑商的制度与专制集权相呼应。要维持专制就要限制民间财力，因为民间资本一旦形成规模，就会出现可以与政治权力相抗衡的社会力量。因而民营工商业势必受到遏制和压榨，只能在夹缝中艰难生存。

中国古代的城市主要是作为政治中心，而非商业中心。城市常因政治与军事功能的变动而兴衰变化，不会有持续的城市化的发展。中国在北宋时就出现了当时世界上最大的城市汴京，汴京最盛时有13.7万户、150万人左右。但实际上有宋一代的总体城市化率并不高，在10%左右。宋之后，中国的城市化率始终没有发展，反而不断下降。洪武二十六年（1393年）全国7270万左右的人口中，大约有6650万民籍人口，620万军卫人口（包括军人及其家属），大约有633万居住在城市中，占民籍人口总数的9.7%。由于都城北迁，明代之后的城市化水平很难超过明代初年。乾隆四十一年（1776年），中国城市人口总数为2273.4万，仅占中国人口总数的7.3%。虽然城市人口大大增加，但是城市化率却较明代下降了。

“重农抑商”政策影响了人们的经济行为，产生了一系列负面后果。

第一，产生了限制人口流动的后果，使中国人养成了留恋故土家园的民族性格，观念上偏保守。

第二，重农抑商反而导致农业的税负重于工商业者，因为执政者认为农业生产才是真正的生产，才能创造财富，农业生产者才真正有能力负担租税。于是农业生产者的税负一向偏重，这进一步加重了农民的不利处境，影响社会和谐。

第三，重农抑商使得更多的资金流向附加值并不高的农业。虽然商业的收益率高于农业，但是商人在赚到钱后还是把资金投向农村，购买土地。这有点类似于今天人们一有钱就买房，因为没有太多使财产保值增值的选择。商业资金投资土地，导致耕地价格迅速上涨，结果是农业投资的收益率下降。进一步导致地权交易频繁，妨碍耕种。唐朝以后，商业日渐发达，人口数量也有上升趋势，这使得耕地日趋分散于生活条件较好的中小业主手中。大地主绝少，而中小业主多，是普遍现象。

第四，重农抑商使得古代中国没能出现有质量的中产阶层，缺乏推动自发型现代化的社会力量。

第五，当大量人口集中于土地上时，中国的科技创新模式也受到了影响。在宋朝之前，农业技术发明的主要方向是节省劳动力。赵冈和陈钟毅认为，从南宋开始，中国的技术改进方向发生变化：一是农民尽量开发以前不值得开发的土地；二是与湖泊及河流争田；三是尽量提高复种指数，试行双季稻或稻麦两熟制；四是关注新的作物。总之，是以提高土地利用率为原则。而工业革命的主要特征是采用大量节省人力的机器从事生产，工业革命以后的新发明与科技进步，都是朝这个方向走。但是中国恰恰不需要节省人力。古代中国的主要问题不是人口过剩，而是制度原因造成的农业人口过剩，因而农户家庭要在已有的耕地上尽量多用人力去精耕细作，以提高单位耕地面积上的产量，机械化的农业革命始终没有发生。

第六，过剩的农业劳动力也会从事一些副业，且主要以家庭为单位，这种模式影响了中国工业的发展方向。从南宋开始，中国的手工业日趋家庭化，以南方为典型。同时工场手工业出现了没落的趋势。在明清两朝，棉纺织品几乎全是由家庭出产。直到 19 世纪末，才开始有了使用洋纱织布的手工业工场。中国的手工业与其说是工业，不如说是农业的副产品。这样的一种以家庭为单位的生产模式使得中国民间很难自发地孕育出成规模的重工业，而重工业恰恰是工业革命的重头戏。

总之，古代中国无法依靠自发力量形成“圈地运动”，从而由农业化走向工业化。

对自由和财产的保障是创新的基础

中国古代对人类科技发展作出了很多重要贡献，出现了“四大发明”，但现代科学和工业革命却没有在近代的中国发生。中国人富有聪明才智、吃苦耐劳，但创新和科学理性精神却受到了某种程度的抑制。那么创新精神的源头活水在哪里呢？

以吏为师遏制创新

学界普遍认为，中国的国家形态早熟。早在秦朝之时，中国就结束了诸侯分封的封建形态，建立起了统一的中央集权国家，而西方直到近代才开启了建立统一国家的进程。与之相对应的是，中国的知识分子阶层（士阶层）的早熟。

春秋战国时期的“礼崩乐坏”可以说解放了士阶层。春秋时期，宗法制的破坏，使得原来由血缘和宗法位置决定政治地位的规则形同虚设，在宗法结构中处于相对卑微地位的底层贵族——士，有了依靠自己的努力改变命运的可能。而诸侯争霸的格局为人才崭露头角提供了机会。由于王廷衰败，诸侯国动荡，学在官府的局面被打破，私学开始兴起。当时出现了“百家争鸣”的局面，士子们可以周游列国，在“就业”上与国主之间双向选择，各种思想基本处于一种自由竞争的状态。士阶层的崛起反过来也颠覆了世卿世禄的官制，及至隋唐，随着科举制的兴起，士阶层向上流动的空间被彻底打开。

然而，士阶层的早熟却导致了知识拥抱权力的结果。知识分子本身不是一个独立的阶级，具有一定的依附性。当时中国主要是以农业社会为主的社会形态，没有为知识分子提供太多的工作机会。“学会文武艺，货与帝王家”是最好的选择。因而可以看到，“百家争鸣”中的百家主要都是关于治理国家的学问。

在近现代社会，大学是知识生产和知识传播的重要机构，也是知识分子安身立命的主要场所。在中国士阶层解放的初期，也伴随私学的兴起。当时，官学教六艺，即礼乐射御书数，旨在培养武士。对于政治智慧和特殊技艺的需求导致了私学的兴起。孔子说“有教无类”，就是将私学向所有社会阶层开放。私学可以说为当时的知识分子提供了一个很好的平台。但是，随着秦统一天下，为了统制舆论，钳制思想，李斯发明、经秦始皇认可，“以吏为师”成为秦朝的基本国策。随之而来的是，私学的没落。官员具有实践经验，并且经过选拔，具有一定水平。但是如果就此认为，官阶越高就越掌握真理，把思想的传授权和裁决权交由官吏，那么势必会遏制创新。这个不好的传统对中国影响深远。

知识与资本结合产生创新

与中国不同，西方知识分子阶层的解放与资本的兴起同步。

西方历史上也曾经压制各种“异端”思想。著名的苏格拉底因言获罪，布鲁诺被施以火刑。然而，工商业的发展为知识阶层的独立生存提供了空间。欧洲在中世纪之时就涌现出了许多大学。工商业社会的发展和城市的繁荣则为大学提供了基本的生存环境与物质保障。中世纪大学的组织机构和制度都受到了当时手工业商业行会的影响。最初，甚至大学的许多名词都是直接从行会借用的。比如“顾问”（consiliarius）、大学校长（rector）等，都是行会首领的称谓。中世纪大学的学位制度同样是在行会的影响下建立的。中世纪大学的设立目的，最初是培养教师。而学位就是一种教师的资格证明，这与同业行会的开业执照是一样的。中世纪大学组织和制度受行会影响的另一个标志就是团体成员内部的平等。大学校长、系主任等，都是由选举产生的。这种权利上的平等，反映在教学和研究中，就出现了学术自由和平等。学生对教师和讲课有不满的地方，可以罢课或辞退教师，大学中存在不同学派之间的争论。中世纪大学还是教会的一种异己力量，它在打击教会权威和神学的神圣性方面，起了极为巨大的作用，推动了人类思想、文明的进步。

在自由的学术传统之下，科学理性精神得以彰显。自启蒙运动以来，在打破罗马教廷对知识垄断的过程中，欧洲涌现出一大批光彩夺目的科学家。然而创意并不等于创新，历史上不乏令人耳目一新的创意，但是大浪淘沙，最终留下来的创新成果只是凤毛麟角。要使创意变成创新，需要企业家、需要资本。事实上，很多发明家都是由于没有足够的钱来大规模投产他们的创意而折戟商场，淹没于历史的长河之中。

当知识与资本结合，将产生巨大的生产力，从而推动社会进步。一个充满活力且受投资人信赖的资本市场具有三项基本功能：降低融资成本、分散投资风险以及提供市场信息。资本市场的敏感性可以保证获得更有价值的关于创新的信息，为符合社会需求的创新提供发展机会。当然，资本的逐利性也可能导致一些好的创意被埋没，但人类迄今为止还没有发明出更好地使每个人都不会“怀才不遇”的机制。那么，一个充满活力且运作良好的资本市场就是人类当前的次优选择。

英国工业革命的发生并没有太多涉及投资银行，但在欧洲大陆工业化的初始阶段，投资银行发挥了重要作用。从 1815 年到 1870 年，工业革命所涉及的主要行业全部出现在欧洲大陆，而且都有利可图，它们在迎头赶上英国。

良好的资本市场的发育同政府信用体系的发展密切相关。在“政府信用与公债的诞生”中，笔者分析了近代国家信用体系得以建立的关键因素。笔者认为，制度设计的要害在于制约国家权力，议会的财政权力和中央银行的独立性这两个因素起到了重要作用。只有这样，才能建立起一个良好的资本市场，降低融资成本。如果融资成本过高，那么资本也无法起到促进创新的作用。

权利保障体系是创新的基础

如果一个人的生命、自由和财产随时都可能被剥夺，那么发明家和商人就没有动力发明和生产超过基本需求以外的产品。科技和工业革命的发生与财产权制度的完善相关。

英国很早就确立了保护财产权的制度。1215 年，英王约翰在贵族的压力下，签署了《自由大宪章》，通常被称为“大宪章”。保护财产权是《自由大宪章》的重要内容，在 63 条中有 21 条论述财产权。英国贵族认为，财产权的核心是禁止国王剥夺人民的财产。尽管有了大宪章，但英国贵族、自由民与国王之间的博弈没有停止。从 14 世纪理查二世开始一直到 1628 年，反对国王的权利请愿活动一直在发生。针对土地和财物被非法剥夺、违约所致的损害和公共服务所造成的损害，受害人都可以主张法律赔偿。1628 年，英国国会又一次通过了限制王权的《权利请愿书》，特别强调了以下原则：未经审判，或依国法外，国王“不得任意拘捕、监禁任何人；不得剥夺其管业权、各项自由及自由习惯，或置诸法外，或加以放逐，亦不得以任何方式加以毁伤”。

随着社会的发展，对知识产权的保护受到重视。正如企业需要保护产权一样，知识也需要保护产权。1474 年，威尼斯议会通过了世界上首部专利法。与意大利不同，当时英国国王经常以权谋私，将专利权授予亲信。1571 年，议会首度反对王室这种垄断授予专利的做法。1597 年，英国高等法院宣布专利垄断行为违反普通法。1624 年，国会将多年积累的判例法汇编成《垄断法》，规定专利权需要限定时间并且只适用于新发明。此外，1643 年英国印刷商公会向议会提出的请愿书、《安妮女王法》（1710 年英国著作权法）都涉及了知识产权的内容。

当然，徒法不足以自行。财产权需要独立执法和公正司法的保障。英国很早就出现了通过法律限制王权的实践。1608 年，发生了那场著名的国王詹姆斯一世与大法官爱德华·柯克之间的争论。詹姆斯一世希望亲自进行司法审判，受到了法官们的集体反对，他们的理由是："诉讼只能由法院单独作出判决。"可詹姆斯一世固执己见，认为既然法律基于理性，而他自己与法官一样是具有理性的人，那么由他进行司法审判也是合理的。针对国王的这个结论，当时的大法官柯克反驳道："的确，上帝赋予了陛下丰富的知识和非凡的天资，但陛下对英格兰王国的法律并不精通。涉及陛下臣民的生命、继承、动产或不动产的诉讼并不是依自然理性来决断的，而是依人为理性和法律的判断来决断的。法律乃一门艺术，一个人只有经过长期的学习和实践，才能获得对它的认知，鉴于此，陛下并不适合进行司法审判。"詹姆士一世闻言勃然大怒，指责大法官柯克公然挑战国王的权威，将构成叛国罪。面对国王的威胁，柯克的回答异常坚定："国王在万人之上，但是却在上帝和法律之下。"柯克的主张增强了法庭与国王相抗衡的力量。

1610 年，英国国王为了加强对经济的控制，颁布了种种限制性政策。这些举措引起商人阶层的强烈反弹，他们上街示威，向国王提起请愿。在这种情形下，英国下议院经过激烈的辩论，最终通过了一份《控诉请愿状》。《控诉请愿状》首次对法治原则进行了明确阐述。这一著名的请愿书宣称："以确定无疑的法律统治为指南，并被其支配，这是可以赋予下议院领袖及议员们的最更宝贵及最有价值的东西。……正是从这一根据中产生了这个王国的人民无可置疑的权利，除了由这个国家的普通法或是由议员们共同投票赞成的规章规定的惩罚之外，他们不受任何扩大到他们的生活、他们的土地、他们的身体或他们的财产上的其他任何惩罚。"这明确宣扬了法律之治的原则。

在1624年垄断权法的讨论中，辉格党人原则的重要创始者柯克爵士认为，垄断违反了大宪章的精神。柯克提醒议会，它"应该用法律的纯真及正直的尺度，而不是遵循不可靠的及不正当的自由处置权的标准，来衡量一切事务"。

上述这些制度构成了日后英国经济腾飞的基础。

高工资是创新的助推剂

中国历史上，两汉的工资水平相对较高。在汉光武年间，一个成年男子的月工资可折合为实物6石米，相当于120市升。较高的生活水平促进了经济发展和人口增长，但当时依然是以农业经济为主，科技主要体现在农业生产的改良上。北宋末及南宋时，中国人口达到新的高峰。南宋以降，工资开始下降，当然也不是直线下降。到了清嘉庆年间，农业雇工的最低工资每月不过4市升米，也就是维生的最低点。根据黄宗智的研究，自14世纪50年代到20世纪50年代，中国长三角农村经济一直停留在一种"糊口水平"。与之同时，中国人均粮食消费量大致相同。在中国，始终没有出现那种将经济推向突破性增长的因素。

根据苏格兰经济学家麦迪森等人的研究，在公元第一个1000年里，世界各国的国内生产总值都基本上没有增长，绝大多数普通人的生活水平也没有什么改善。在随后的500年里，即1000–1500年，情况也没有明显好转。直到19世纪上半叶，全球经济出现了飞跃式增长，这主要归因于现代科学和工业革命。

现代科学和工业革命的源头在英国。但是当时英国并没有太多促进工业化的产业政策，英国创新的主要激励因素在于高工资。根据罗伯特·艾伦的统计，1820年，伦敦的真实工资水平已经是最低生活开支的4倍，此后这一比率一路攀升至50倍。然而，在贫困国家，真实工资依旧只能维持最低生活开支。高工资促使企业家进行技术创新，用机器来取代昂贵的劳动力，这是英国科学和工业革命的一个主要动力。

19世纪20年代，机械动力织布机开始在英格兰取代手工织布机，到19世纪50年代之后，手工织布机彻底退出英国的舞台。不过在美国，接受机械动力织布机的速度要远快于英国，因为从19世纪20年代起，美国的工资水平已经高于英国。

高工资还有效地提振了内需。伦敦工人在1750年就吃上了白面包、牛肉，喝上了啤酒。英格兰南部地区的工人收入颇丰，他们买得起18世纪的奢侈品，比如珍本图书、镜子、糖和茶叶等。对食物需求的增加，反过来推动了农业革命的出现，英国农业劳动者的人均产量飞速增加，达到当时欧洲地区的最高水平。

从经验上讲，高工资使得雇员有更多的资金支付自己及子女的教育费用，从而可以产生更多具有良好读写能力、计算能力和技术水平的劳动力。

结果是出现了一种螺旋式的进步：高工资导致了更多的创新，而这一情况又进一步提升了工资水平，使得富裕国家的生活水平一路攀升。根据罗伯特·艾伦的研究，直到1990年，能够发明新技术的依然是那些先发现代化国家。当然，这种发展模式也有“瓶颈”，劳动力成本过高会使发达国家丧失一定的比较优势，这就是今天发达国家的许多产业向发展中国家转移的原因。但是从科技和工业革命的发生学意义上讲，从创新的激励角度讲，高工资是推动经济突破式增长的重要方面。

交叉认同是改革成功的关键

交叉认同是一种社会结构交叉划分的状态。比如说一个社会按照“富人”和“穷人”进行划分，同样按照支持特朗普和支持希拉里进行划分，但是并非所有“富人”都支持希拉里，也并非所有“穷人”都支持特朗普，这时就形成了交叉认同。交叉认同不是每个群体在所有事情上整齐划一、一致通过，而是有分歧、有认同，交叉认同有利于彼此达成妥协。

在历史上许多成功的改革中，交叉认同的存在是一个关键因素。具言之，既得利益者需要认同弱势者的某些要求，愿意作出让步；呼吁改革的弱势者不要“得理不饶人”，指望全赢，而不是折中，把改革当成自身成为既得利益者的工具。如果不能达成交叉认同，结果很可能是改革破产。

英国妇女参政权运动中的男性

在英国通过君主立宪成为现代国家之后，英国的男性逐渐获得了选举权与被选举权，但是女性却长期无法享有同样的参政权。在争取妇女参政权的运动中，除了女性自身的努力之外，一些开明的男性的作用也不可忽视。

实际上，早期在理论上支持妇女参政权的就是一些男性理性主义者。他们主张在宪法框架内、通过法律途径进行请愿，帮助妇女争取她们的合法权利，罗伯特·欧文、威廉·汤普森、乔治·雅各布·霍利约克、雷金纳德·约翰·理查德森与约翰·斯图尔特·密尔是其中的杰出代表。

1838 年，英国宪章运动爆发。运动的许多主张将人民宪章主义与女权主义相结合，致力于争取全人类的选举权，其中也包括妇女选举权。雷金纳德·约翰·理查德森是这些领袖中最为杰出的人物之一。1840 年，在位于兰开斯特城堡的国家监狱中，理查德森撰写了题为《妇女权利》的小册子，文章阐明了赋予妇女选举权的必然性、必要性与紧迫性。理查德森不仅将选举权归结为妇女应当拥有的一项权利，更称之为妇女应当承担的社会责任，这是历史上第一次将妇女选举权上升到责任的高度。

著名思想家密尔也参加了几乎各项女权运动。他曾经撰写三本有关女权的著作，即《承认妇女的选举权》《代议制政府》《妇女的屈从地位》。他还是世界上第一个妇女参政促进会的创办人之一。1865 年，密尔作为自由党候选人角逐威斯敏斯特区的国会议员席位。在其竞选纲领中，密尔明确提出赋予女性选举权的主张。1868 年，密尔在议会改选中落选，在离职之前，他仍不忘递交一份支持已婚妇女拥有财产权的议案。

为妇女选举权与参政权摇旗呐喊的声音贯穿了整个 19 世纪四五十年代的宪章运动。而这场运动的呼吁者主要为男性，女性大规模地为自身争取选举权的运动可以说是在这些男性的启蒙下开始的。

1866 年 4 月，在芭芭拉·利·史密斯·博迪雄与艾米莉·戴维斯的领导下，妇女们起草了要求议会在适当条件下给予妇女选举权的请愿书，并且在两个月内征集了 1499 个支持妇女选举权的知名女性签名。

1884 年，自由党议员威廉·伍德尔再次提出选举权法修正案。尽管这次提案再遭挫败，然而由于该提案在1883年的自由党协会会议上获得通过，因此这次的提案不再是私人提案，而是议会选举法的修正案。这已经向前迈进了一大步。

19世纪末20世纪初，出现了许多由男性组成的支持妇女参政权的组织，如妇女选举权男性选民团体、妇女选举权男子同盟、妇女选举权北方男子联合会、妇女选举权男子政治联盟与支持女性正义男子委员会等。

1909年初，男子同盟发表了《支持赋予女性选举权男性代表宣言》。宣言主体由一份长达7页的名单组成，题为《支持给予妇女选举权的著名男性名录》，名单涉及几乎所有社会领域的知名人士。同年3月，响应全国妇女参政运动社团联盟的号召，共计350名男性知识分子发表《支持妇女选举权男性宣言》，宣称“我愿意毫无保留地贡献自己的名字，支持议会赋予女性选举权”。

男子同盟是20世纪初规模最大、影响力最广的妇女选举权组织之一。同盟的分支机构遍布英国，并且曾在美国建立分会。1912年，在男子同盟及其海外分支的基础之上，妇女选举权国际男子联盟（以下简称国际联盟）成立，其第一次代表大会在伦敦召开。国际联盟的宪章明确指出，争取妇女选举权是联盟存在的唯一宗旨。会上，所有成员一致通过，表示要通过“司法与立法途径达成这一目标”。

英国历史上的第一位工党财政部长菲利普·斯诺登也是妇女参政运动的坚定支持者。他经常在妇女的集会上演讲，声援妇女运动。

从19世纪上半叶至1928年英国妇女获得完全的选举权，这期间经历了将近一个世纪的斗争。早期支持妇女选举权运动的男性先锋所承受的压力之大是可想而知的。19世纪，社会的主流思维与舆论均停留在反对给予妇女选举权的阶段，他们的言行在当时十分突兀，是男性反妇女参政大合唱之中的不和谐之声。

最终，英国妇女获得选举权，作为“既得利益者”的男性的贡献不可忽略。这些男性为了支持妇女解放事业，为了赋予妇女选举权，他们或奋笔疾书，或劳碌奔波，甚至被投入监狱也义无反顾，着实令人敬仰。

美国废奴运动中的白人

美国独立后，南方诸州种植园主依然实行奴隶制，黑人奴隶是种植园奴隶主的私有财产。美国历史上的废奴运动早在建国之前就出现了苗头，从 19 世纪 30 年代初开始在美国北部兴起，直到南北战争爆发，在广大人民群众的推动下，林肯总统颁布的《解放黑人奴隶宣言》宣告废奴运动的最终胜利。在这场运动中，许多开明白人发挥了重要的作用。

早在北美殖民地时期，贵格会就反对在北美殖民地拥有奴隶。1688 年贵格会成员写了反对奴隶制的宣言，此后，在长达两个世纪的北美废奴运动中，贵格会发挥了十分重要的作用。

美国独立之前，托马斯·杰斐逊曾在他起草的《独立宣言》草案中谴责英王在北美殖民地引入奴隶制度，明确表示反对奴隶制。不过，这些言辞后来在南卡罗来纳与乔治亚代表们的要求下从《独立宣言》的正文中被删除。杰斐逊本身是一个奴隶主，终身拥有上百名的奴隶，但他反对奴隶制的政治立场却是鲜明的。

与杰斐逊同时代的另一名著名政治家本杰明·富兰克林也是一名奴隶主，他也与杰斐逊一样，明确反对奴隶制，他曾经是美国最早的废奴组织“宾州废奴协会”的领导人，并且在 1789 年向国会提出禁止奴隶制的动议。宾州废奴协会的创始人中，还包括著名的思想家托马斯·潘恩。此外，汉密尔顿、阿龙·伯尔等早期政治家也是主张废奴人士。

19 世纪 30 年代初废奴运动的渐趋激烈，与威廉·加里森的大声呼吁是分不开的，加里森也成为这一运动的领袖人物。加里森是著名的废奴主义者、新闻记者和社会改革家。他是“美国人废奴协会”的创始人之一，还在1831年创办了一份主张废除黑奴制度的报纸，取名为《解放者》。

加里森以及其他许多白人废奴主义者的言论，唤醒了许多北方人，使他们认识到被许多人长期以来视为不可改变的制度的罪恶，看到废除奴隶制的必要性与紧迫性。

林肯总统对于废奴运动厥功至伟。林肯青年时期就痛恨奴隶制度，因为他当水手时，多次运货到南方，目睹了奴隶主的野蛮残暴和黑奴遭到的残酷折磨。他当了议员之后，经常发表演讲，抨击蓄奴制。1854年美国的共和党成立，因为这个党主张废除奴隶制，林肯就参加了，两年后他在共和党第一次全国代表大会上被提名为副总统候选人。他在竞选演说中说：“我们为争取自由和废除奴隶制度而斗争，直到我国的宪法保证议论自由，直到整个辽阔的国土上在阳光和雨露下劳动的只是自由的工人。”

1858年，林肯在参加伊利诺伊州参议员竞选时，发表了一篇题为《裂开的房子》的演说，他把南北两种制度并存的局面比喻为“一幢裂开的房子”。他说：“裂开的房子难长存。我坚信，这个政府不会永远承受这种半是奴隶制、半是自由制的状况。”林肯的演说为他赢得了很大的声誉。两年后，他当选为美国总统。

在4年的总统任期中，林肯最主要的贡献是带领军队赢得了解放黑奴战争的胜利，使黑奴获得了自由。南北战争被称为美国的第二次革命。通过这场战争，林肯成为黑人解放的象征。1865年4月14日晚上，林肯在华盛顿的福特剧院看戏时，被南方奴隶主收买的一个演员刺杀。作为白人的林肯为了黑人的解放付出了生命的代价，最终推动了社会的进步。

可以说，没有作为“既得利益者”的开明白人的努力，美国的废奴运动不可能取得成功。

日本明治维新的发动阶层没有成为既得利益者

明治维新是日本近代史上的大事件，使得日本走上了现代化之路。那么，日本明治维新是怎样发生的呢？天皇在日本历史上很长时期都是实际上的虚君，在日本还存在很强大的等级制衡力量，那就是武士阶层、封建割据对于君权的实质性制约。光凭天皇的力量无法实现大政还之于朝。明治维新中的主导力量是下级武士。下级武士虽然也是武士，但在日益严格的等级制度之下，其处于上级武士的压迫之中，而且理论上下级武士永远不可能成为上级武士。拥有一定的地位，但又处于压迫之中，藩镇制度日益腐朽，无法满足日本成为一个强大国家的需要，正当此时，西方列强的“黑船”造访日本，让怀有一些抱负的下级武士感受到了国家的危机。在这种背景下，下级武士主导了一次次的脱藩运动、反抗幕府的运动。下级武士的脱藩运动与日本天皇废藩建立统一国家的努力一拍即合，一个现代的民族国家开始形成。

然而明治维新的后果对于其主要发起阶层下级武士而言充满了悲剧色彩。在幕府制下，下级武士也是食利阶层，而明治维新后，上级武士尚且能保留一些特权，下级武士的特权则全无了，成了没有生活来源的人。改革的发动阶层却成了改革后的利益受损阶层，这时有部分下级武士由支持政府，转向了反抗政府。但大部分下级武士却接受了命运的安排，正是下级武士阶层的悲壮成就了日本的现代化之路，他们用自己的血肉之躯奠定了国家未来繁盛的基础。

当然，下级武士也为包括自身在内的全体国民赢得了向上流动的机会。日本的传统社会有着严格的等级制，武士在享有特权的同时也承担保卫家土的责任。在日本封建时期，只有武士才能成为军人。明治维新后，随着身份制的废除，平民也可以成为军人，许多下级武士出身的人也得以接受高等教育，成为大臣，或进入新式军队，成为高级军官。比如，下级武士出身的秋山好古后来做到了陆军大将，这在幕府时期是不可能的。通过构建现代国家制度，日本形成了一种正向淘汰机制，使得有能力的人能够脱颖而出，这些反过来又增强了整个国家的凝聚力。

可以设想，如果日本这场变革的发动阶层——下级武士只想着自身利益，寄望于在改革后成为既得利益阶层，而无视其他阶层的利益和公益，那么日本的明治维新也很难成功。

有交叉认同存在的社会很难真正地分裂，以上几个事例都说明了交叉认同在推动社会进步中的关键作用。改革不应是针尖对麦芒的零和博弈，而应是各方相互理解、妥协的“中庸”之道。

图书在版编目 (CIP) 数据

大国兴替：国家发展的秘密 / 毕竟悦著 .—北京：中国法制出版社，2020.11

ISBN 978-7-5216-1323-0

Ⅰ . ①大…　Ⅱ . ①毕…　Ⅲ . ①世界史—研究　Ⅳ . ① K107

中国版本图书馆 CIP 数据核字（2020）第 192602 号

责任编辑：侯　鹏　　　　封面设计：周黎明

大国兴替：国家发展的秘密

DAGUO XINGTI: GUOJIA FAZHAN DE MIMI

著者 / 毕竟悦

经销 / 新华书店

印刷 / 三河市紫恒印装有限公司

开本 / 710 毫米 ×1000 毫米　16 开　　　　印张 / 14.5　字数 / 214 千

版次 / 2020 年 11 月第 1 版　　　　2020 年 11 月第 1 次印刷

中国法制出版社出版

书号 ISBN 978-7-5216-1323-0　　　　定价：49.00 元

北京西单横二条 2 号　邮政编码 100031　　　　传真：010-66031119

网址：http://www.zgfzs.com　　　　**编辑部电话：010-66060794**

市场营销部电话：010-66033393　　　　**邮购部电话：010-66033288**

（如有印装质量问题，请与本社印务部联系调换。电话：010-66032926）